SANTOS, 1980: PORTUÁRIOS EM GREVE

NEM OS POMBOS APARECERAM NO CAIS

CB025672

Adriana Gomes Santos
Antônio Fernandes Neto

SANTOS, 1980: PORTUÁRIOS EM GREVE

NEM OS POMBOS APARECERAM NO CAIS

Velhos pelegos e nova vanguarda em disputa pela direção do movimento

Dúvidas a esclarecer
Lições para aprender

São Paulo, 2015

Copyright © 2015 Adriana Gomes Santos e Antônio Fernandes Neto

Revisão de texto:
Flávia Portellada

Diagramação:
Estúdio Kenosis

Projeto gráfico – miolo e capa:
Julio Portellada

Foto da capa:
A Tribuna – 17/03/1980

Dados Internacionais de Catalogação na Publicação – CIP
Catalogação elaborada por Ruth Simão Paulino

S237 Santos, Adriana Gomes; Fernandes Neto, Antonio.
Santos, 1980: portuários em greve. Nem os pombos apareceram no cais: velhos pelegos e nova vanguarda. / Adriana Santos Gomes e Antonio Fernandes Neto. Introdução de Murilo Leal. – São Paulo: Veneta; 2015.
240 p.; il.

ISBN: 978-85-63137-35-7

1. Sociologia. 2. História do Brasil 3. História Contemporânea. 4. Antropologia Social. 5. Movimentos Sociais. 6. Movimento dos Trabalhadores. 7. Greve. 8. Greve dos Portuários. 9. Unidade Portuária. 10. Sindicatos. 11. Companhia Docas de Santos. 12. Santos. 13. Estado de São Paulo. I. Título. II. Santos, 1980: portuários em greve. III. Nem os pombos apareceram no cais. IV. Velhos pelegos e nova vanguarda. V. Santos, Adriana Gomes. VI. Fernandes Neto, Antonio. VII. Leal, Murilo.

CDU 316
CDD 300

Para Glaucia Vieira Fernandes (*in memorian*)

Vendo como era explorada pelos patrões,
descobrimos a necessidade do socialismo.

Vendo sua fé religiosa,
aprendemos a ter fé na luta pelo socialismo.

Agradecimentos

À Dirlei Leme da Fonseca (*in memorian*), que durante quase três décadas insistiu na necessidade de recolher dados e documentos, e na sistematização e análise do movimento paredista.

A Martin Hernandez, dirigente da Liga Internacional dos Trabalhadores — IV Internacional — que sempre esteve atento aos nossos passos e disposto a nos orientar. Parafraseando Victor Jara, na música dedicada a Luis Emilio Recabarren, citamos: "simplente doy las gracias por tu luz".

A Euclides Agrella, pelas sucessivas leituras, sugestões e opiniões, as quais nem sempre ouvimos, e que o isenta dos prováveis erros.

Ao professor Murilo Leal, da Universidade Federal de São Paulo, estudioso do movimento operário, que com seus estudos contribuiu para este trabalho. Agradecemos também pela apresentação deste livro.

Aos historiadores Fernando Damasceno e Lucas Endrigo, por suas sugestões e pela paciência que tiveram para nos ouvir.

A David Cavalcante, que nos momentos mais difíceis da pesquisa soube nos incentivar.

A Roberto Tavares, o Betão do Oito, que nos orientou nas pesquisas históricas.

Aos advogados Ana Lucia Marchiori e Alberto Albieiro, especialistas em processos de anistia, que nos permitiram pesquisar em seus arquivos e nos orientaram para pesquisar outras fontes.

A Sebastião Neto, do GT de Trabalhadores da Comissão Nacional da Verdade, pelo incentivo à publicação deste livro.

A Everandy Cirino dos Santos, do Sindaport, que nos abriu os arquivos de documentos e fotos do antigo Sindicato dos Empregados na Administração Portuária de Santos.

Ao casal Flávia e Julio Portellada, pela correção, diagramação e, acima de tudo, pela paciência.

A todos estes, a nossa melhor maneira de retribuir a preciosa ajuda é oferecendo um belo almoço em nossa casa, em Boa Vista - Roraima, composto por um tambaqui assado na telha de barro, suco de taperebá, rum caribenho e, para arrematar, um creme de cupuaçu.

Os autores

Sumário

Apresentação

Murilo Leal

O leitor tem em mãos um livro que desperta interesse por duas características principais. Trata-se, ao mesmo tempo, de texto militante, que oferece lições sobre um processo de importância notável — a greve dos portuários da Companhia Docas de Santos de março de 1980 — e, assim, engaja-se em uma pedagogia da luta de classes e, por outro lado, cumpre a função, em muitas de suas passagens, de um trabalho de *História Imediata.* Isso porque seus autores viveram diretamente os acontecimentos narrados, testemunharam os gestos dos líderes, o silêncio do cais em greve, quando "nem os pombos apareceram", a revolta dos trabalhadores e, também recorrendo a fontes como jornais da época, arquivos dos órgãos da Polícia Militar e das esquerdas, depoimentos de ativistas, elaboraram uma primeira apresentação da greve dos portuários a partir da qual outras operações da pesquisa histórica poderão se desenvolver.

A greve, tema central de *Santos, 1980: portuários em greve. Nem os pombos apareceram no cais,* é analisada a partir de três ângulos. O primeiro é o do processo da própria greve; o segundo é o da relação dos acontecimentos do Porto de Santos com o contexto do "incêndio grevista" iniciado em 1978; o terceiro é o da posição da greve em uma perspectiva de média duração, que vai, aproximadamente, da criação do Fórum Sindical de Debates, em 1956, até 1980.

A greve durou cinco dias, de 17 a 21 de março de 1980, e envolveu as quatro categorias que trabalhavam para a Companhia Docas de

Santos e eram representadas por quatro sindicatos diferentes: Administração Portuária, Operários Portuários, Guindasteiros e Motoristas. Tratava-se de um universo de cerca de 12.500 trabalhadores que, unidos, detinham enorme poder econômico — e por isso potencialmente político — uma vez que movimentavam cerca de 50% das importações e exportações brasileiras e afetavam diretamente o trabalho de outros milhares de trabalhadores, forçando-os a também paralisarem seus serviços. A dinâmica da greve aqui narrada apresenta aspectos semelhantes aos encontrados em outros movimentos do mesmo período, estimulando outras pesquisas a buscarem algo como um padrão geral e a tentarem definir seus condicionamentos.

Se houve um "incêndio grevista" a partir de 1978, e não uma soma de ações desconectadas, certamente um ponto em comum foi a reação a cerca de 14 anos de superexploração econômica e de opressão política. No caso do Porto de Santos, a supressão de direitos como 13º salário e férias, os baixos salários, as péssimas condições de trabalho, a insegurança na movimentação das cargas eram a norma não escrita das relações entre capital e trabalho depois de 1964. Em 1978, começam a pipocar os primeiros sinais de que os trabalhadores não mais suportariam a pressão calados e a ocupação do Sindicato dos Estivadores em março daquele ano, exigindo o 13º e as férias — que pelo regime de *closed shop* eram pagos pelo sindicato — veio acompanhada pela formação de uma comissão de base, a *Comissão dos 8* e pela distribuição do Boletim *Parede*. Estes eram sinais, assim como a greve na Scania, no ABC, de que um novo momento político começava a tomar forma.

Outros aspectos distintivos da greve dos portuários que aparecem como regularidades também em outros movimentos do período 1978-1984, podem ser destacados: a tendência dos trabalhadores a buscarem a união, o que propiciou a formação da Unidade Portuária, congregando as quatro categorias em uma única campanha salarial, com assembleias unificadas (até o momento em que as mesmas foram proibidas pelas autoridades e abandonadas pelas direções sindicais); o ímpeto do comparecimento em massa às assembleias, para surpresa dos dirigentes, mesmo os de esquerda; a capacidade das bases forçarem suas direções a assumirem a greve sem protelações; a vontade de prosseguir na greve, rejeitando a primeira proposta patronal apresentada; o papel claudicante das direções sindicais pelegas e do PCB. A narrativa e as análises apresentadas neste livro contribuem, portanto, para uma melhor compreensão do papel dos trabalhadores, com suas lutas e impasses, no período da transição para a democracia.

Ao contextualizar a greve na relação de forças mais abrangente entre classes sociais e Estado, os autores reconstituem conexões que fizeram deste e de outros movimentos paredistas acontecimentos políticos decisivos na conjuntura. A Casa Civil e a Presidência da República empenharam-se diretamente na extinção da greve depois do terceiro dia e da rejeição, pelos portuários, da proposta apresentada pela Companhia Docas de Santos. Mais do que isso: o vértice do poder sentiu-se ameaçado pelo fantasma do "Porto Vermelho" e pelos "infiltrados" no movimento — a pequena e aguerrida vanguarda politizada. Golbery do Couto e Silva tinha pressa em acabar com o movimento, pois temia seus efeitos e possíveis articulações com a campanha salarial dos metalúrgicos do ABC, que, de fato, deflagraram a maior greve de sua história dez dias depois do encerramento da greve dos portuários. O governo testava uma nova política salarial e, ao mesmo tempo em que recorria a métodos repressivos — ocupando o cais com Fuzileiros Navais e Polícia Militar — também forçava a Companhia Docas a ceder, mantendo proposta de reajuste do índice de produtividade mais elevada do que a arbitrada pelo Tribunal Regional do Trabalho. Com a ajuda da burocracia sindical e com os ataques à vanguarda mais consciente, como a demissão do líder Nobel Soares, o governo pôs limites a uma intervenção mais vigorosa e articulada dos trabalhadores no processo. Mas não pôde impedir a politização da questão operária, que teve sua expressão mais elevada na formação do Partido dos Trabalhadores.

Finalmente, cabe destacar a perspectiva propiciada pelo texto ao relacionar a greve de 1980 com o período anterior ao golpe de 1964.

De fato, o ciclo de lutas iniciado em 1978 teve de ajustar suas contas com o ciclo chamado "populista" de maneiras contraditórias. Por um lado, o PCB, agora bem mais moderado do que nos anos 1960 — defendendo uma abrangente "frente antifascista" e descartando qualquer radicalização — apoiava sua autoridade em um passado e um estilo de lutas por dentro da estrutura sindical com o qual era preciso romper. Por outro, a memória do "Porto Vermelho" e de experiências como a do Fórum Sindical de Debates, conferiam lastro e densidade à palavra dos trabalhadores em luta em 1980. Pode-se dizer que o período de fundação das organizações representativas do novo ciclo de lutas foi marcado por uma delimitação simbólica e prática com a herança do passado — sem que alguns de seus fundamentos institucionais, como a estrutura sindical, tenham sido profundamente abalados. Passado este momento de fundação das organizações que vieram a ser hegemônicas no novo ciclo de lutas, a memória social da classe trabalhadora voltou a relacionar-se com a experiência do período anterior de uma forma mais positiva — e a operação de memória estimulada pelas comissões da verdade, com a qual o presente livro também tem a ambição de contribuir, foi um dos fatores, embora não o mais importante, nessa revisão.

Com a publicação do presente livro, temos, portanto, a oportunidade de debater sobre a experiência decisiva de luta dos portuários de Santos e perceber os fios que ligavam este processo ao que estava acontecendo de mais importante no Brasil — a entrada em cena dos trabalhadores. Isto iria alterar até certo ponto os limites da transição gradual controlada pela cúpula civil/militar do regime. Compreender as possibilidades e obstáculos à presença dos trabalhadores como classe na esfera pública em cada conjuntura continua sendo um aprendizado indispensável para hoje.

Murilo Leal
Professor de História Contemporânea
Universidade Federal de São Paulo

Introdução

Há 35 anos uma pergunta atormenta os trabalhadores portuários: Por que o movimento paredista unificado das quatro categorias dos empregados da Companhia Docas de Santos, ocorrido em 1980, com paralisação total e sem piquetes, não logrou êxito da pauta reivindicativa e ainda sofreu retaliações?

O objetivo deste livro é explicar as raízes dos problemas enfrentados antes, durante e após a greve. Em lugar de elevar dois ou três dirigentes à condição de mocinhos ou vilões, preferimos estudar os passos dos dirigentes conservadores e os movimentos da jovem vanguarda que esteve à frente da greve.

Os erros cometidos na condução da greve foram de duas naturezas. Houve, por um lado, erros conscientes praticados por dirigentes sindicais de corte conservador. Por outro, erros cometidos em função da inexperiência de jovens militantes de vanguarda que, ao desconhecerem os ritos da luta de classes, não souberam lidar com problemas teóricos e práticos colocados pela greve.

As fontes de pesquisa são os jornais da época, os informes dos órgãos da polícia política, depoimentos de ativistas, arquivos de militantes da esquerda e estudos do movimento sindical brasileiro.

Com este trabalho, pretendemos colaborar na formação de ativistas sindicais que buscam aprender com a história, valorizando a experiência das lutas e da organização dos trabalhadores. Esperamos, ao mesmo tempo, servir de apoio à Comissão da Verdade para elucidar os casos de perseguição política ocorridos no porto de Santos durante a ditadura militar.

Começaremos pela análise do golpe militar de 1964, a consolidação do regime militar e o significado do "milagre econômico" da ditadura. Na sequência, debateremos a crise econômica mundial de 1974-1975, seus impactos no país com o fim do milagre, a divisão interburguesa, a correlação de forças entre as classes e as primeiras lutas dos trabalhadores contra a ditadura militar.

Quanto à caracterização do regime e do governo, alguns diziam que vivíamos um regime de governo fascista, outros afirmavam que era um regime de governo semifascista. Qual a diferença entre ambas as definições na hora de elaborar a política concreta? Será preciso revisitar a teoria para compreender as características do governo e do regime, além de voltar à discussão das etapas da luta de classes.

A partir das análises e caracterizações, abordaremos as questões do programa e da política para a greve dos trabalhadores do Porto de Santos de 1980.

Em 1979, os grupos políticos da cidade, à época da greve, estavam divididos entre apoiadores e opositores da ditadura militar. De um lado, os apoiadores estavam organizados na Aliança Renovadora Nacional (ARENA), partido político criado em 1965 para dar sustentação ao regime.

Do outro lado, os opositores ao regime compunham diferentes organizações. Havia a oposição consentida pela ditadura militar, como parte de um sistema bipartidário, organizada no Movimento Democrático Brasileiro (MDB), que abrigava o Partido Comunista Brasileiro (PCB) e o Movimento Revolucionário 8 de Outubro (MR-8). Fora do MDB, a Convergência Socialista impulsionava a construção do Partido dos Trabalhadores (PT).

Dentre os trabalhadores do Porto de Santos, destacaram-se durante a greve de 1980 dois jovens dirigentes do Sindicato da Administração Portuária, opositores à ditadura militar que também atuavam no movimento estudantil: Benedito Furtado e Nobel Soares. Benedito e Nobel tinham apreciações políticas distintas sobre como enfrentar a ditadura e a respeito das tarefas colocadas para os trabalhadores.

Em junho de 1979, alguns meses antes da greve, Benedito Furtado disse em uma entrevista:

> *Eu sou filiado ao MDB e sou vice-presidente do Departamento Jovem do MDB, aqui de Santos. Eu entrei no partido já faz uns três anos. Entrei sentindo a necessidade de participação política, pois, dentro de todo esse esquema montado, só existe um veículo para você fazer oposição legalmente, que é o partido político, então eu me filiei[...].*[1]
>
> *O Brizola é um filho do Getúlio, e quer queira, quer não, o Getúlio ainda é amado pelo povo, não é o Lula, não é esse ou aquele que vai meter o pau e o trabalhador acreditar. Porque mesmo parte dos trabalhadores que seguem o Lula ainda está presa no carisma do Getúlio Vargas, e o Brizola vem com o PTB, e o PTB, de norte a sul, é uma legenda lembrada pela classe trabalhadora. Eu estou vacinado contra isso, mas eu respeito pra cacete o Getúlio; você imagina um trabalhador de uma cidade do interior! Então, o PTB vai vir e vai ter forças, então, o que a gente precisa fazer? Vamos esquecer o PT, o PTB, e o diabo que exista, e vamos sair todo mundo junto.*[2]

Nobel Soares tinha posições mais à esquerda dentro do espectro das lutas operárias. Foi fundador do Partido dos Trabalhadores e fez parte de sua primeira Comissão Municipal Provisória.[3] No interior do PT, era membro da direção regional da Convergência Socialista.

No final da greve de 1980, houve uma reunião na Capitania dos Portos com o capitão de mar e guerra Antônio Eduardo Cezar de Andrade.

---

1 Maranhão, Ricardo. *Os Trabalhadores e os Partidos*. Editora Semente, 1981, p. 16.

2 Idem, p. 60.

3 A primeira Comissão Municipal Provisória do PT foi composta por: Dirlei Leme da Fonseca (professora); Bernabé Manoel Riesco (dirigente do Sindicato da Alimentação); Geraldo de Oliveira Souza (oposição sindical dos motoristas); Osni Nery (portuários com direitos políticos cassados pelo golpe de 64); Sérgio Martins (dirigente do Sindicato dos Gráficos); Ozias (desempregado) e Nobel Soares. *Cidade de Santos*, 15/03/1980, p. 11.

Ao encontrar o dirigente, o capitão diz: "Você deve ser o Nobel... Eu já o conheço bem".[4]

O objetivo de Nobel na reunião era conseguir a autorização e um local para uma derradeira assembleia da categoria. Mas ouviu do capitão a seguinte resposta:

> *Nem eu, nem o general, nem o prefeito, nem mesmo o Papa pode dar uma ordem dessas. Vocês têm que entender: o oferecido é o máximo que o governo tem para dar. Eu fico indignado é de vocês quererem misturar política nisso. Eu sei — pois tenho um serviço de informações à minha disposição — que você, Nobel, é integrante da executiva do PT e membro da Convergência Socialista...*[5]

Em agosto de 1980, Nobel foi um dos principais oradores do Ato pelos 40 anos do assassinato do líder soviético Leon Trostky, organizado pela Convergência Socialista e a corrente Liberdade e Luta (Libelu).

Não temos a intenção de escrever um texto acadêmico, mas militante. As opiniões aqui expressas devem servir de ponto de partida e não pretendem ser conclusivas. Esperamos que este livro sirva para instigar os trabalhadores, em especial os portuários de Santos, a se interessarem pelo estudo da história da greve de 1980.

---

[4] Pasqualini, J.R. e Alexandrino, C.M., jornal *Preto no Branco*, março de 1980, p. 7.
[5] Idem.

Foto: Araken Alcântara – acervo SEASPS/SINDAPORT.

Fotos: acervo APESP.

Capítulo

1

O Golpe de 64 e a Ditadura Militar: Razões do Golpe

Roberto Campos explicou em uma análise preparada para a reunião ministerial de 4 de junho de 1964 que, "em particular, a paralisação do desenvolvimento de 1963 foi consequência de fatores climáticos e sociopolíticos".

Entre os fatores político-institucionais, Roberto Campos apontou o seguinte:

- Tensão política constante criada pela desarmonia entre o Executivo Federal de um lado e o Congresso Nacional e os governos estaduais de outro, que levantaram suspeitas quanto às intenções continuístas do presidente João Goulart;
- A tendência estatizante que ameaçava investidores privados;
- A infiltração comunista que ameaçava subverter a ordem social e econômica;
- A paralisação sucessiva da produção pelos líderes grevistas, frequentemente com objetivos políticos claros.[1]

---

[1] Dreyfus, René Armand. 1964 – *A Conquista do Estado (ação política, poder e golpe de classe)*. Vozes. Petrópolis, 1987, 5ª ed., p. 135.

Dos quatro pontos apontados por Roberto Campos para justificar o golpe de Estado, alguns saltavam aos olhos, enquanto outros não passavam de superestimação dos problemas.

Tensão política constante entre o Executivo Federal e o Congresso Nacional

A tensão política constante entre o Executivo Federal, por um lado, e o Congresso Nacional e os governos estaduais, por outro, era real. No Congresso, a UDN, o principal partido opositor, capitaneado por Pedro Aleixo, Aliomar Baleeiro, Bilac Pinto e Adauto Cardoso, declarou guerra ao governo. No bloco de sustentação ao governo, a defesa era frágil em razão do mesmo estar em crise, em especial o PTB, dividido entre os que defendiam "mais reformas" e os que defendiam "menos reformas". Uma disputa interna no PTB derrubou o líder Bocaiúva Cunha e impôs Doutel de Andrade, aguçando ainda mais a crise.

Tendência estatizante que ameaçava investidores privados

Uma das medidas que mais traziam insatisfação para os investidores privados era a lei que restringia a remessa de lucros pelas companhias multinacionais para as suas matrizes. A remessa de lucro não poderia exceder 10% dos investimentos líquidos. Os valores que excedessem esses 10%, até o limite de 20%, eram considerados como repatriação de capital, e tudo o que ultrapassasse esses 20%, os investidores eram obrigados a reinvestir no país.

Houve outras medidas econômicas que também criavam fricções com o capital transnacional. Dentre elas, a tentativa de nacionalizar a importação de petróleo e cinco refinarias, bem como a revisão de concessões a transnacionais para a exploração de minérios.

Infiltração comunista ameaçava subverter a ordem

A preocupação com o comunismo tinha muito mais a ver com as relações externas do que com as internas. Vivíamos sob a chamada Guerra Fria e sob o impacto da Revolução Cubana de 1959, que incendiava as mentes e os corações da vanguarda latino-americana. Esse era o grande perigo.

O PCB era hegemônico no movimento dos trabalhadores nessa época. Porém, à época do Golpe de 1964, era um partido em decadência programática, política e numericamente. Ao final da Segunda Guerra Mundial, o Partido Comunista contabilizava 180 mil militantes. Em 1964, segundo Osvaldo Pacheco, contava com apenas 30 mil militantes.[2]

O fraco desenvolvimento dos partidos comunistas em numerosos países latino-americanos, naquele período, se devia à crise do stalinismo em nível mundial (em especial às denúncias dos crimes de Stalin), ao lugar privilegiado da América Latina na divisão de poderes entre o imperialismo norte-americano e a burocracia soviética e às características estruturais dos países semicoloniais.

Umbilicalmente ligado a Moscou, o PCB aplicava ponto a ponto a política de "coexistência pacífica" e de respeito às áreas de influência pactuados com o imperialismo norte-americano. Analisando as principais decisões internas do Partido Comunista, prévias ao golpe, vemos que programática e politicamente o velho partido não tinha a menor intenção de abalar os alicerces burgueses da sociedade brasileira. A Declaração Política de março de 1958 e o V Congresso realizado em agosto de 1960, marcavam claramente a orientação dos comunistas. Esses dois momentos na história do Partido Comunista reafirmaram a tese aplicada desde 1928 pela Internacional Comunista da revolução por etapas, isto é, uma primeira etapa de revolução nacional e democrática em aliança com os ditos setores "progressistas" da burguesia nacional.

---

2 SANTANA, Marco Aurélio. *Homens Partidos: Comunistas e sindicatos no Brasil*, Rio de Janeiro: Boitempo, 2001, p. 98.

Após a consolidação dessa etapa, se passaria então à segunda, de conteúdo socialista.[3]

Na conferência nacional realizada em setembro de 1961, o PCB aprovou um novo programa e novo estatuto. Além de alterar o nome de Partido Comunista do Brasil para Partido Comunista Brasileiro, retiraram dos documentos todas as referências à ditadura do proletariado e ao marxismo-leninismo.

Luís Carlos Prestes, entrevistado pela TV Tupi, em 3 de janeiro de 1964, fez duas afirmativas que se demonstravam emblemáticas. A primeira, "antecipou publicamente a ideia continuísta do segundo mandato presidencial de Jango e sugeriu a reforma constitucional para este fim".[4] A segunda afirmativa tinha a ver com a possibilidade de golpe de Estado. Quando todos previam o fim violento do governo de João Goulart, em vez de orientar e organizar os trabalhadores para resistirem ao Golpe, Prestes apontava na direção contrária:

> *As Forças Armadas no Brasil têm características muito particulares, muito diferentes de outros países da América Latina. Uma das questões específicas da revolução brasileira é o caráter democrático, a tradição democrática das Forças Armadas, particularmente o Exército. No Exército brasileiro, esse democratismo vem de longe [...].*[5]

Em 1964, a burguesia golpista sabia do potencial mobilizador do Partido Comunista. Assim como sabia que a prioridade do partido era mobilizar em favor das reformas de base de Jango, ou seja, mobilizar para reformar o capitalismo. Mesmo assim, a burguesia, ao levar até as últimas consequências sua estratégia golpista, agitava o fantasma do co-

---

[3] *"A nova linha política partiu da mesma premissa do Programa do Quarto Congresso: a concepção da revolução brasileira em duas etapas. Até hoje inalterável para o PCB e o PCdoB, é uma concepção que vem do VI Congresso da Internacional Comunista, realizado em 1928. Assim, a primeira etapa em curso seria a da revolução nacional e democrática, de conteúdo anti-imperialista e antifeudal. Após a vitória dela é que se passaria à segunda etapa — a da revolução socialista" in:* GORENDER, J. *Combate nas Trevas*. São Paulo: Editora Ática, 1987, 2ª ed., p. 30.

[4] Idem, p. 60.

[5] Idem, p. 53.

munismo que tanto assustava a classe média e setores mais atrasados da classe trabalhadora. Apesar de esta agitação surtir significativo efeito para ganhar a classe média e os setores mais atrasados da classe trabalhadora, não correspondia à verdade, na medida em que o Partidão apostava todas as fichas na manutenção do regime democrático-burguês e chamava os trabalhadores e o povo a confiarem nas Forças Armadas, quando estas já preparavam o Golpe.

Paralisações sucessivas da produção pelos líderes grevistas

As greves no período prévio ao golpe de Estado são numerosas e incluem a greve geral em 1961, pelo Abono de Natal. Em 1962, uma nova greve geral com perfil menos reivindicatório e mais político, pleiteava um plebiscito sobre a Emenda Parlamentarista. No mês de outubro de 1963, 78 sindicatos fizeram uma luta unificada, com 700 mil operários em greve que paralisaram por quatro dias a cidade de São Paulo. Os trabalhadores reivindicavam 100% e conquistaram 80% de aumento salarial. As razões para tantas mobilizações e greves, inclusive com muitas greves por fábrica, era a expressiva queda do salário mínimo real, conforme podemos ver na tabela abaixo.

A tabela[6] a seguir compara os salários de 1944, isto é, dentro dos chamados "esforços de guerra", o que significava para os trabalhadores apertar os cintos "para ajudar nossos pracinhas" na campanha da Itália.

Com a greve geral de 1963, os trabalhadores conquistaram em São Paulo 80% de aumento salarial, mas, mesmo assim, viram seu salário real minguar em –7,6%.

---

[6] Mello e Souza, Alberto. "Efeitos Econômicos do Salário Mínimo", APEC Editora, RJ, julho de 1971, *in:* Oliveira, Francisco. *A Economia Brasileira: Crítica à Razão Dualista*, Seleções Cebrap 1, São Paulo, 2ª ed., Brasiliense, 1976, p. 41.

Salário Mínimo Real – Guanabara e São Paulo

Ano	**Índices** (Base: 1944 = 100)		**Variação anual**	
	Guanabara	São Paulo	Guanabara	São Paulo
1944	100	100	—	—
1960	140,2	130,8	—	—
1961	161,6	146,2	+15,3	+11,8
1962	137,5	123,9	−15,0	−15,3
1963	128,6	114,5	-6,5	-7,6
1964	124,9	116,3	-2,1	+1,6

Tomando-se o maior salário mínimo real, o de 1961, e comparando com os anos subsequentes, vemos um declínio permanente. Após o Golpe de Estado, com a repressão imposta, o salário seguirá minguando por mais de 20 anos.

Foto cedida pelo APESP (Arquivo Público do Estado de São Paulo).

No programa do partido, adotado em convenção nacional realizada em Brasília, em 21 de setembro de 1975, a ARENA assim se posicionou em relação à sua criação e existência:

"Expressão política da Revolução de Março de 1964, que uniu os brasileiros em geral contra a ameaça do caos econômico, da corrupção administrativa e da ação radical das minorias ativistas, a ARENA é uma aliança do nosso povo, uma coligação de correntes de opinião, uma aliança nacional".

O ditador general Figueiredo de braços dados com o proprietário da Rede Globo, Roberto Marinho. *Foto cedida pelo APESP (Arquivo Público do Estado de São Paulo).*

Capítulo
2
Empresas e empresários financiadores do Golpe de Estado

Delfim Netto é coisa nossa!
Paulo Maluf é coisa nossa!
Figueiredo é coisa nossa![1]

A burguesia brasileira e o capital estrangeiro sabiam que, para aplicar um novo plano econômico, seria necessário acentuar a exploração da classe trabalhadora. Isso só seria possível acabando com as greves e as organizações que as impulsionavam e apoiavam. Portanto, o primeiro objetivo seria controlar a classe trabalhadora. O segundo objetivo seria o de unificar a própria burguesia ao redor de um plano econômico baseado nas linhas gerais do programa do ex-ministro San Tiago Dantas, que não poderia ser questionado nem pelo Congresso, nem por governadores. Em síntese, a burguesia buscava a governabilidade, por um lado, reprimindo os trabalhadores, e por outro, não menos importante, unificando seus pares.

Portanto, um golpe militar de curto alcance não resolveria a crise burguesa. Era preciso todo um sistema político com objetivos claros e planos de ação bem definidos. Se não fosse assim, seria apenas uma quartelada de milicos de extrema-direita. Era preciso muito mais que isso.

O golpe de Estado foi uma aula de como uma classe que quer governar deve fazer. Se a classe trabalhadora, para tomar de assalto o

---

1 Música cantada por Sílvio Santos em seu programa de auditório.

Estado burguês, precisa construir organismos de duplo poder, de tipo soviético, também precisa construir organizações políticas que definam e centralizem as ações. E foi assim que a burguesia brasileira e estrangeira atuou diante do golpe de Estado.

Primeiro, criaram o comando político. Tinham nome, endereço e dirigentes. Essas organizações se chamavam IBAD (Instituto Brasileiro de Ação Democrática) e IPES (Instituto de Pesquisas e Estudos Sociais), dirigidas pelo general Golbery do Couto e Silva, Glycon de Paiva, entre outros. Como parte importante do plano, transformaram as Forças Armadas (Exército, Marinha e Aeronáutica) em organismos de poder.

O IBAD e o IPES tinham objetivos claros, dentre os quais podemos citar: organizar a burguesia ao redor de um plano econômico e político; fazer campanha contra o comunismo entre a classe média e a pequena burguesia, assustando-os com o perigo das expropriações comunistas; denunciar o marxismo ateu como ameaça às congregações religiosas e cooptar a imprensa e os jornalistas para esse fim; criar uma rede de apoiadores no interior do movimento estudantil e dos trabalhadores.

As ideias existiam. Faltava um plano de ação e seu cronograma. E assim foi feito. Para discutir o plano econômico e político, foram criados cursos, seminários e até um Congresso das Classes Produtoras, tanto no âmbito estadual, como nacional. A agitação anticomunista na classe média e pequena burguesia consistia em afirmar que o comunismo iria expropriar sua casa, seu pequeno negócio ou, no caso do pequeno camponês, sua horta e até seus porcos e galinhas. Grupos sociais conservadores e integrantes da Igreja Católica saíram às ruas com a Marcha da Família com Deus pela Liberdade. Senhoras bem vestidas — e "de bem", como diziam na época — organizavam marchas e recebiam o apoio de artistas famosos, como a eterna malufista Hebe Camargo. É dessa época o fortalecimento da extrema direita católica organizada na Tradição, Família e Propriedade (TFP), uma organização que tinha, como um dos seus eixos, a agitação de uma campanha contra o divórcio. Nos meios de comunicação, a linha era dar maior visibilidade a jornais, TVs e rádios que aderissem ao golpe e fechar os meios opositores. A rede Excelsior, de São Paulo, de perfil janguista, foi fechada pelos militares logo após o golpe. Por último, era preciso organizar os jovens pró-golpe para que atuassem no interior do movimento estudantil. Essa iniciativa fez com que surgissem nas universidades o CCC (Comando de Caça aos Comunistas). Ao mesmo tempo, no movimento dos trabalhadores criou-se o IADESIL (Instituto Americano para o Desenvolvimento do Sindicalismo Livre), que trabalhava na formação de uma corrente sindical pró-golpe e diretamente patronal.

As ideias estavam claras. O plano de ação estava definido. Faltava o dinheiro para executá-lo. Aí, então, entraram as empresas e bancos. Nomes famosos faziam parte dos financiadores do golpe. A lista incluía bancos como Royal Bank of Canada, Bank of Boston e First National City Bank; e as empresas Texaco, Shell, Esso Brasileira, Standard Oil of New Jersey, Texas Oil Co, Gulf Oil, Bayer, Enila, Shering, Ciba, Cross, General Eletric, IBM, Remington Rand, AEG, Coty, Coca-Cola, Standard Brands, Cia de Cigarros Souza Cruz, Belgo Mineira, US Stell, Hanna Mining Corp, Bethlehem Stell, General Motors e Willys Overland.[2]

Outras empresas também colaboraram com os órgãos de repressão. O coronel Erasmo Dias afirmou que:

> *[...] o Júlio de Mesquita Filho, quer dizer, O Estado de S.Paulo, também às "escancas" nos apoiou, não tem dúvida. E outros empresários, aquele lá de Osasco, Vidigal, nos apoiou, e nunca esconderam e o apoio para nós era importante não só com informação, com estrutura, e era para nós uma participação que interessava porque era o meio civil que estava se mobilizando, porque, afinal de contas, sozinho você não ganha guerra nenhuma.*[3]

---

2 Dreifuss, René Armand, 1964 – *A Conquista do Estado (ação política, poder e golpe de classe)*, Vozes, Petrópolis, 1987, 5ª ed., p. 135.

3 MELO, Jorge José. *Boilesen um empresário da Ditadura*: a questão do apoio do empresariado paulista à OBAN/Operação Bandeirantes, 1969-1971. Universidade Federal Fluminense, Instituto de Ciências Humanas e Filosofia, p. 61.

Ernesto Geisel, o penúltimo presidente desse ciclo militar, afirmou que: "Houve muita colaboração entre o empresariado e os governos estaduais. A organização que funcionou em São Paulo, a OBAN (Operação Bandeirante), foi obra dos empresários paulistas".[4] Dos casos mais conhecidos, destaca-se o do empresário do Grupo Ultra, o dinamarquês Henning Albert Boilesen que, além de financiar o golpe, assistia às sessões de tortura. Há um excelente documentário, intitulado *Cidadão Boilesen*,[5] que retrata a história desse empresário estreitamente vinculado aos órgãos repressivos.

A imprensa a serviço do golpe militar – algumas opiniões

"A Ditadura militar contava com uma importante base de sustentação midiática. Meios de comunicação, como as Organizações Globo (jornal *O Globo*, Rádio Globo e Rede Globo de Televisão), *Revista Manchete* e *Grupo Folha*, entre outros".[6]

O ex-delegado do DEOPS, José Paulo Bonchristiano,[7] em uma entrevista, afirmou que a Folha de S. Paulo, através do seu proprietário Octávio Frias, o recebia a qualquer hora e deixava claro que o DEOPS poderia pedir o que precisasse. Roberto Marinho, da Rede Globo, segundo Bonchristiano, "sempre que estava em São Paulo passava no DEOPS para nos visitar".

"No caso do *Grupo Folha da Manhã*, atualmente *Grupo Folha*, o apoio ia muito além do elogio puro e simples aos ditadores e às suas políticas. O jornal *Folha da Tarde*, que até a edição do AI-5 tinha uma linha editorial progressista..."[8] Porém, a partir após o AI-5, mudou radicalmente de posição.

"O jornal (*Folha da Tarde*, do Grupo Folha) era tido como 'o de maior tiragem', devido ao grande número de policiais que compunham a redação, após o AI-5. Por isso muitos a conheciam [a redação] como delegacia".[9]

---

[4] D'ARAÚJO, Maria Celina.; CASTRO, Celso (orgs.). *Ernesto Geisel*, Ed. FGV, RJ, 5ª ed., 1998, p. 215.

[5] https://www.youtube.com/watch?v=yGxIA90xXeY

[6] Melo, 2012, Op. cit., p. 29.

[7] http://apublica.org/2012/02/conversas-mr-dops/

[8] Idem, p. 29.

[9] KUSHNIR, Beatriz. *Cães de Guarda, jornalistas e censores do AI-5 à Constituição de 1988*. Rio de Janeiro: Editora Boitempo, 2004, p. 232.

Exércitos Particulares[10]

Kurt Rudolf Mirow[11]

As corporações multinacionais, as verdadeiras forças políticas dos tempos modernos, passaram, a exemplo dos barões ladrões (*robber barons*), Raubritter, medievais ou dos partidos políticos dos tempos idos, a organizar seus próprios corpos de proteção, por vezes bem armados. Levantamentos procedidos na Alemanha entre 1968 e 1970 mostraram que uma associação para proteger a economia alemã instruíra as firmas associadas a como proceder em casos de greves prolongadas. Tornara-se público que a proteção armada de instalações fabris fora o objetivo básico dos serviços de segurança interna das empresas, da qual se encarregaram ex-oficiais do Exército ou da Polícia. A identificação prematura de agitadores eventuais e seu registro central fora incluído no roteiro do trabalho.

A organização preventiva de um sistema repressivo não se limitou, entretanto, à Alemanha. O *know-how* difundiu-se rapidamente pelo mundo, sendo organizado em outros países serviços semelhantes de proteção às instalações fabris. A tranquilidade do trabalho foi o objetivo. Abusos eventuais praticados por elementos mais exaltados, constituiriam, assim se argumentava, meros acidentes lamentáveis, mas, por vezes, inevitáveis e certamente por isso o conservador jornal alemão *Faz Frankfurter Allgemeine Zeitung*, julgou oportuno denunciar em editorial: "A competição honesta está acabando". "Forças brutais são utilizadas, o gangsterismo começa a dominar". Continuando: "Muitos empresários consideram, hoje, desprezíveis as leis penais". E, assim, os abusos praticados pela OBAN – Operação Bandeirante, nada mais foram que desdobramentos de medidas planejadas em outros países.

---

[10] MIRROW, Kurt Rudolf. *A Ditadura dos Cartéis (anatomia de um subdesenvolvimento)*. Rio de Janeiro: Editora Civilização Brasileira, 1978, 7ª ed., pp. 197-98.

[11] A participação de empresários na repressão já vinha sendo denunciada desde pelo menos 1977, quando o industrial Kurt Rudolf Mirow — sem compromisso com qualquer ideologia ou movimento político —, pressionado por outros industriais muito mais poderosos, resolveu investigar e denunciar a pressão que se abatia sobre sua empresa.

João Goulart e John Kennedy.
Foto: www.jfklibrary.org

Capítulo

3

Jango não reagiu ao golpe. Sabia das consequências para sua classe

Sempre que falamos do golpe militar de 1964, a primeira coisa que nos vem à cabeça é a denúncia da ditadura. Isso é extremamente correto e necessário. Mas o fato de ser correto e necessário denunciar o golpe militar de 1964 e a ditadura não pode impedir o aprofundamento da discussão que busca esclarecer se seria possível resistir, enfrentar e derrotar o golpe.

Jango não quis enfrentar o golpe. Dois observadores atentos da situação política à época, Flávio Tavares e Paulo Francis, escreveram sobre a passividade de Goulart.

Flávio Tavares era jornalista do *Última Hora*, apoiava as reformas de base propostas pelo governo e gozava da confiança do ex-presidente. Tavares[1] relata seu último encontro com Jango:

> *Caminhamos do edifício do Congresso ao Palácio do Planalto e, ao chegar, sequer se preparava, já saía às pressas. No gabinete presidencial, de pé, ao lado do seu ajudante de ordens, dele consegui ouvir*

---

1 Flavio Tavares era o repórter do jornal *Última Hora* com acesso direto ao gabinete do presidente. Depois do golpe, organizou grupos de guerrilha urbana com o apoio de Brizola. O Embaixador dos Estados Unidos foi sequestrado por um grupo guerrilheiro que, em troca, exigiu a libertação de 15 presos políticos, entre eles Tavares, que seriam enviados ao México.

duas frases que me confundiram ainda mais naquele momento de confusa indignação:

— Acabo de falar com o comandante do III Exército. Vou instalar o governo no Rio Grande do Sul e viajo hoje mesmo para Porto Alegre![2]

Foi colocado à sua disposição um jato da Varig que quebrou antes de partir. Restou-lhe um avião Avro, da FAB, que demorou 5 horas para chegar a Porto Alegre:

> *O pouco que lhe restara como decisão de resistir ao golpe em marcha esvaiu-se na solitária lentidão do voo ao Sul. De fato, lá ele não pretendia apoiar-se na lealdade e no poder militar do general Ladário Pereira Telles, que assumira o III Exército 24 horas antes, nem na tentativa de mobilização popular de Leonel Brizola, que já não era governador nem tinha qualquer posto executivo e insistia em ser nomeado ministro da Justiça para comandar o contragolpe. Se pretendesse resistir, ainda no Rio, Jango poderia ter dado a ordem que lhe pedia o brigadeiro Francisco Teixeira, para o coronel Ruy Moreira Lima (herói da Segunda Guerra) bombardear com seus aviões os revoltosos do general Mourão que vinham de Minas pela estrada. Bombardearia 'as posições', só a estrada, nem sequer os comboios de tropas, e eles, no mínimo, teriam que negociar. No recuo, Jango inverteu os papéis: ia ao Sul para, de lá, negociar e tentar abrandar o ímpeto do golpe. O máximo de sua resistência não era a resistência, mas a negociação. Ou a conciliação, marco do seu estilo.*[3]

Paulo Francis também foi jornalista do *Última Hora*. Crítico simpatizante das ideias socialistas, afirmava: "Castelo Branco é uma expressão legítima do neocolonialismo norte-americano para a América

---

[2] TAVARES, Flávio. *Memórias do Esquecimento: os segredos dos porões da ditadura*, L&PM, Porto Alegre, edição ampliada, 2012, p. 139.
[3] Idem, p. 140-141.

Latina, enquanto João Goulart de maneira nenhuma representava o espírito de revolta das camadas populares do país".[4]

Há aqueles que no afã de defender Goulart tratam de mostrar que o ex-presidente não reagiu ao golpe pelo primarismo de suas concepções e prática política. Paulo Francis tinha outra opinião:

> *O decisivo num líder é o senso das oportunidades na ação, dos meios de aproveitá-las e a energia para esgotá-las. Não há critério que possa defini-lo, exceto nos contos de fada onde os bons vencem sempre. E muito menos se exige dele atestado de cultura, ou Trotsky, e não Stalin, teria tomado o poder depois de Lenin.*[5]

A citação acima pode induzir a crer que o grande problema foi o atraso da resposta ao golpe de Estado. Nada mais falso. Mas, vamos prosseguir com a opinião de Francis:

> *Um Fidel Castro brasileiro não chegaria ao poder pelo parlamentarismo de 1961. Goulart, na época, recusou a liderança revolucionária, compondo-se com as oligarquias tradicionais a fim de evitar a ascensão popular. Esta, bem entendido, poderia ser sustada a meio caminho pela contra-revolução, mas o significativo no episódio foi a opção de Goulart, a qual, em 1964, ele bisou, preferindo a fuga ao engajamento na luta. O leitor perguntará se existiam as condições para o que propus como alternativa, se o presidente, em ambas as oportunidades, não teria feito um exame realista e concluído pelo 'arreglo' e retirada, respectivamente. As opiniões aqui divergem até o bizantinismo, mas uma coisa é certa: nada no passado de Goulart o credenciava para o papel de revolucionário; e o seu triste desempenho exige uma crítica em profundidade se não quisermos perseverar no erro.*[6]

---

[4] Francis, Paulo. Tempos de Goulart. *Revista Civilização Brasileira*, ano I, n. 7, maio de 1966, p. 78.

[5] Idem, p. 77.

[6] Idem, p. 78.

Realmente é preciso uma "crítica em profundidade se não quisermos perseverar no erro". A esquerda brasileira na época estava dividida entre aqueles que advogavam um nacionalismo difuso, que seria alcançado pelo voto, e os que advogavam por uma edílica revolução sem programa anticapitalista e sem a organização do duplo poder. Havia o CGT (Comando Geral dos Trabalhadores), dirão alguns. É verdade. Mas seu programa estava fundado nas reformas de base do governo Jango, que não tocavam em temas-chave como a nacionalização do comércio exterior, a expropriação do capital financeiro ou o controle operário da produção. Portanto, a esquerda brasileira estava inebriada pelo governo Jango e apostava suas fichas que, com ele, avançariam ao socialismo. Essa ilusão não passou à prova sequer de um golpe de Estado e estaria muito menos à altura de uma revolução socialista que expropriasse a burguesia.

Pelos relatos desses dois observadores atentos que estiveram na linha de frente da denúncia e luta contra o golpe, um deles desde as trincheiras guerrilheiras e o outro desde as rotativas dos jornais, vê-se que Jango preferiu evadir-se a enfrentar ao golpe. Como explicar isso se o golpe significou a sua deposição e suspeita-se, inclusive, que ele tenha morrido envenenado pela ditadura militar?

Para compreender o caráter desse governo, recorremos ao método que consideramos mais correto, ou seja, o método marxista. O primeiro passo é deixar de lado as vagas definições do tipo: governo progressista, governo popular, governo de esquerda e outras generalidades, as quais servem para tudo, menos para explicar seu caráter de classe. O governo de Jango foi, categoricamente, um governo burguês, ainda que um governo burguês atípico.

San Tiago Dantas, ministro da área econômica no governo Jango, começou a aplicar um receituário no campo econômico e financeiro muito parecido ao de Roberto Campos após o golpe. Corte dos gastos públicos, incentivo para os exportadores, controle da taxa de juros para a indústria e o comércio etc. Sem dúvidas, um plano econômico de e para a burguesia.

Jango atuava como um árbitro diante das diferentes demandas dos distintos setores burgueses, sofria com as constantes escaramuças do Congresso Nacional, e para equilibrar-se, buscava apoio nas massas trabalhadoras e no povo. Essa busca de apoio chegava ao ponto de fazê-lo vir a Santos para participar de um ato nos sindicatos portuários e teve seu ápice no famoso Comício da Central do Brasil, no Rio de Janeiro. Exatamente por isso, consideramos o governo Jango como um governo burguês anormal ou atípico, do tipo bonapartista *sui generis*.[7]

---

[7] Ao definir o bonapartismo *sui gereris*, Trotsky afirmava: "O governo oscila entre o capital estrangeiro e o doméstico, entre a débil burguesia nacional e o proletariado relativamente poderoso. Isso confere ao governo um caráter bonapartista sui generis, um caráter excepcional. Eleva-se, por assim dizer, acima das classes. Na realidade, pode governar convertendo-se de imediato em instrumento do capital estrangeiro e prendendo o proletariado nas cadeias de uma ditadura militar policial ou, por outro lado, manobrando com o proletariado e até chegando a fazer-lhe concessões, obtendo, assim, a possibilidade de certa independência em relação aos capitalistas estrangeiros". *In*: TROTSKY, León. *Sobre la liberación nacional*. Bogotá: Editorial Pluma, 1980, pp. 61-62. Tradução livre.

Acima: Marcha da Família com Deus pela Liberdade: atividade das senhoras de bem e de bens, em Santos. *Foto cedida pela FAMS (Fundação Arquivo e Memória de Santos).*

Abaixo: Santos paralisada em solidariedade aos trabalhadores da Santa Casa. *Foto cedida pela FAMS (Fundação Arquivo e Memória de Santos).*

Capítulo

4

As particularidades da região da Baixada Santista à época do Golpe de Estado

O FSD (Fórum Sindical de Debates), criado em 1956, inicialmente tinha como objetivo organizar os dirigentes sindicais de corte mais conservador, em geral janista, em oposição ao movimento sindical vinculado ao Partido Comunista e à "ala esquerda" do PTB. Isso foi no início. Depois, os comunistas e a "ala esquerda" do PTB optaram por ingressar no FSD e este perdeu seu caráter inicial, transformando-se em uma verdadeira frente única operária.

No começo, o FSD tinha pouquíssimos sindicatos, mas já nos idos de 1964, contava com aproximadamente cinquenta. As reuniões eram feitas num sistema de rodízio e se realizavam cada vez em um sindicato diferente, abertas à participação da base, com direito a voz e sem direito a voto. Cada sindicato tinha direito a um voto.

As discussões no interior do FSD abarcavam todos os temas de interesse dos trabalhadores, desde o custo de vida, passando pelos aspectos legais de interesse dos trabalhadores e até a questão do tema do poder, como a greve por um gabinete nacionalista e democrático. Na verdade, o FSD era mais que um órgão para debater, pois ele também organizou diversas greves, inclusive greves de solidariedade, como veremos adiante.

Greves em Santos nos tempos do Fórum Sindical de Debates

Os anos compreendidos entre 1960 e início de 1964 foram de intensas movimentações sindicais na Baixada Santista, e, em especial, na cidade de Santos. Descrevemos aqui algumas das principais lutas e destacamos o papel de centralizador e organizador que o FSD cumpriu nessas mobilizações de trabalhadores. Vejamos alguns exemplos.

À época, os trabalhadores com 10 anos de trabalho contínuo eram considerados estáveis. Não podiam ser transferidos nem demitidos. Para a patronal isso era um grande problema, pois impedia a rotatividade e o consequente achatamento salarial em época de inflação alta. O Moinho Pacífico, dentro da lógica de acabar com a estabilidade, de forma unilateral, resolveu transferir 31 trabalhadores para suas instalações de Curitiba. Os trabalhadores estavam contra a transferência e o Moinho tratava de impor sua vontade. Aí entrou em ação o FSD e considerou que isso era um precedente que abriria espaço para o fim da estabilidade. Convocou seus sindicatos e foram realizadas assembleias para decidir o que fazer. O resultado foi a decretação de uma greve geral que paralisou 100 mil trabalhadores na Baixada. Pararam estivadores, portuários, rodoviários, gráficos, metalúrgicos, comerciários etc. Uma verdadeira greve geral de solidariedade. Não é preciso dizer que foi uma vitória e até as 24 horas paradas foram pagas. Essa conquista dos trabalhadores só foi revogada nos tempos da ditadura, com a adoção do FGTS, que passou a indenizar a demissão sem justa causa.

Os estivadores, em 8 de agosto de 1961, paralisaram suas atividades nos porões e convés dos navios em protesto pelo não pagamento da taxa de movimentação. A Capitania dos Portos imediatamente enviou um pelotão de fuzileiros navais para substituir os estivadores. Os doqueiros que trabalhavam em terra, dando continuidade ao serviço dos estivadores, se solidarizaram com os estivadores e negaram-se a trabalhar, alegando riscos de acidentes. Waldemar Neves Guerra e Manoel de Almeida, do sindicato da Administração Portuária e dos Operários

Portuários, respectivamente, foram presos. Em poucas horas, o porto foi totalmente paralisado até que seus dirigentes fossem libertados. Essa greve, inclusive, provocou uma crise entre Jânio Quadros e seu ministro do Trabalho, Castro Neves.

Quando da renúncia de Jânio, houve um duro debate sobre a validade ou não da assunção de João Goulart à presidência da República. Os trabalhadores, em geral, excetuando os janistas, estavam pela posse de Jango, tanto que os ferroviários cariocas da Leopoldina foram logo decretando greve pela legalidade. Diante disso o FSD se dividiu. Os janistas não queriam parar pela posse de João Goulart. A direção de cunho janista renunciou e assumiu uma nova direção. Imediatamente declararam-se em greve os portuários, estivadores, padeiros, comerciários, rodoviários e trabalhadores de Cubatão da refinaria e das empresas petroquímicas. Com o FSD dividido e fragilizado, a repressão pôde atuar de forma dura. Com a repressão, de fato, ao final, somente os trabalhadores da refinaria e os da Estrada de Ferro Santos–Jundiaí pararam. E eles só receberam um alento no dia 2 de setembro, quando a organização nacional dos estivadores e portuários decidiu pela paralisação: 300 mil trabalhadores cruzaram os braços e só voltaram no dia 7 de setembro, com a confirmação de que Jango seria o presidente.

Em abril de 1962, os petroquímicos pararam por suas reivindicações específicas e também pela defesa das empresas petroquímicas ante a sanha do capital estrangeiro. Era uma luta duríssima e isolada e eles sabiam que a vitória seria extremamente difícil. Precisavam de ajuda. O FSD se solidarizou e convocou uma greve geral na cidade. Até os funcionários do cemitério entraram em greve. Para qualquer sepultamento era preciso pedir ordem ao presidente do FSD. A greve foi encerrada com uma gigantesca passeata e inaugurou o período das reivindicações nacionalistas.

No mês de julho de 1962, renunciou o gabinete janguista e o presidente indicou San Tiago Dantas para a pasta da Fazenda. O congresso ameaçou vetá-lo e indicou o pecuarista Auro Soares de Moura Andrade.

O movimento sindical marcou uma greve para o dia 5 de julho contra a indicação. A burguesia e o próprio Jango se assustaram. Moura Andrade renunciou e Jango pediu para que parassem a "máquina grevista".

No dia 5, Santos parou e parou tudo. Ônibus, bondes, comércio, até as sessões de cinema foram interrompidas. Novamente, o FSD cumpriu o seu papel de centralizador e organizador da paralisação. Em nível nacional, a greve foi dirigida pelo CGG (Comando Geral de Greve), que seria a base da futura CGT (Comando Geral dos Trabalhadores). A vitória foi a instituição do 13º salário e a indicação de um ministro do Trabalho com livre trânsito entre os sindicalistas, Hermes de Lima. Para a concretização da greve houve uma luta interna no FSD pela paralisação ou não envolvendo "janistas" e "janguistas". No âmbito externo, começaram os primeiros ataques mais incisivos ao FSD por parte do MSD (Movimento Sindical Democrático), Associação Comercial etc.

Os trabalhadores do SMTC (Serviço Municipal de Transporte Coletivo) entraram em greve por suas reivindicações. O FSD e a USOMS (União dos Sindicatos da Orla Marítima de Santos) declararam apoio à luta e incorporaram a reivindicação da nacionalização da empresa que fornecia energia elétrica para os bondes e trólebus. Os 12 dirigentes sindicais que pretendiam negociar com o prefeito foram presos. Então, as reivindicações ampliaram-se para a questão democrática, relacionada à liberdade dos presos. Novamente a cidade parou. Foram cinco dias de greve que findou com a conquista das reivindicações dos empregados da SMTC e a liberdade dos presos. Essa greve combinou-se com a greve geral pelo plebiscito convocado pelo CGT que reivindicava a volta do presidencialismo. Notou-se, então, uma maior participação das correntes sindicais financiadas pelos setores golpistas. Por esse motivo, não pararam os bancários, ensacadores, arrumadores e comerciários. Mesmo com a greve geral, a disputa pela direção do movimento operário na Baixada ampliava-se.

Os trabalhadores da Companhia Docas há muito tempo lutavam pelo pagamento do 14º salário. A demanda foi enviada ao Tribunal

Regional do Trabalho que deu ganho de causa aos trabalhadores. No mês de janeiro de 1963, os trabalhadores declararam-se em assembleia permanente e deram um prazo até o final do processo plebiscitário que decidiria ou não pelo presidencialismo. O 14º salário foi julgado procedente no mês de junho, mas a decisão foi rechaçada pela Docas e os trabalhadores deram o prazo de um mês para o cumprimento da sentença. A empresa desafiou a justiça e os trabalhadores. No dia 19 de agosto de 1963, 14 mil trabalhadores pararam o porto. Entre eles, operários portuários, empregados da administração, motoristas e marítimos. Foram dois dias de greve e 102 embarcações tiveram suas atividades paralisadas. Houve prisões e os trabalhadores foram atrás de Jango em um clube na cidade de São Bernardo do Campo, onde ele almoçava, e exigiram sua intervenção. Foi feito um acordo com Jango que incluía a liberdade de reunião, a soltura dos presos e o pagamento do 14º salário, além do fim da greve. Aprovado o acordo em assembleia, os trabalhadores aplaudiram o presidente da República, o ministro da Viação e o Exército que havia colocado um major de plantão no sindicato para evitar as ações policiais.

Em setembro de 1963, os trabalhadores da Santa Casa entraram em greve pelo pagamento do salário profissional e pela insalubridade. O FSD considerou que a relutância no cumprimento dos direitos trabalhistas abriria um precedente que poderia afetar a todos os trabalhadores. E, novamente, a Baixada Santista parou. Nessa greve, foi apresentado o esboço do que seria o golpe militar. Adhemar de Barros, governador de São Paulo, mandou prender 200 grevistas. O general Pery Belivacqua, que na greve pelo 14º salário havia garantido a liberdade de reunião, agora se opunha violentamente à greve e ao FSD. Jango interveio no terceiro dia, enviando o ministro do Trabalho. Adhemar, acintosamente, ordenou a prisão imediata do líder do sindicato têxtil. A greve demonstrou claramente a debilidade de Jango e a política agressiva do Exército e do governador de São Paulo. Jango, pressionado pela direita golpista e pelos trabalhadores, propunha uma solução na Justiça do Trabalho. As cartas para o golpe de Estado estavam lançadas.

Antes de encerrar esta parte, referente ao papel do FSD, somos instigados a pensar o que se tornaria o FSD em sua provável dinâmica, se não fosse interrompido pelo golpe de Estado. Naquele momento, sem dúvidas, o FSD era uma organização de frente única operária que poderia transitar em direção a uma organização de tipo soviético, quer dizer, de duplo poder.

Trotsky, em 1906, escrevendo sobre os sovietes, explicava a diferença entre aquela organização e as que existiram em outros tempos:

> *Outras organizações já haviam feito o mesmo que ele, ou estavam fazendo ao mesmo tempo e continuariam fazendo depois de sua dissolução. Porém, a diferença consistia em que os sovietes eram, ou ao menos aspiravam ser, um órgão de poder.*[1]

Podemos, então, dizer que o problema do poder não estava na ordem do dia, na medida em que a direção estava dividida entre janistas e a ala esquerda do PTB, além dos comunistas. Portanto, duas correntes operárias dirigidas por partidos burgueses e outra corrente dirigida por um partido reformista que se resignava à defesa da democracia burguesa e das reformas de base de Jango. Assim, se pintava a realidade naquele momento. O golpe, sem dúvidas, veio e interrompeu a possibilidade do surgimento de correntes operárias independentes por dentro do FSD e de rupturas no próprio PCB. As primeiras não surgiram sequer depois do golpe. Por outro lado, as rupturas no Partidão se deram logo após o triunfo dos militares.

---

1 TROTSKY, León. *El Consejo de los diputados obreros y la revolución*, 1906. Disponível em: http:www.marxists.org/espanol/Trotsky/1900s/19060000.htm — consultado em 17/01/2013.

Cel. Antonio Erasmo Dias. *Foto cedida pelo APESP (Arquivo Público do Estado de São Paulo).*

"Santos foi onde a revolução correu maior perigo, maior risco. A cidade era como um ponto de partida, a própria origem da revolução. Porque aqui o esquerdismo adquiriu uma força potencial que não existia no Brasil inteiro. Durante um ano, não houve um dia em que não tinha uma greve. A Câmara de Santos era dominada pelos comunistas, o prefeito de Santos era ligado aos comunistas, toda a potencialidade política de Santos estava nas mãos do que eu costumo chamar de peleguismo sindical comunista. Essa força vinha do sindicalismo. Aqui, tinha um tal de Fórum Sindical de Debates que era uma espécie de soviete, que para mim foi o primeiro soviete que tentaram implantar no Brasil, para a revolução socialista. Eles paravam Santos quando queriam." *(Coronel Erasmo Dias)*[2]

[2] In: ALEXANDRINO, Carlos Mauri; MARQUES DA SILVA, Ricardo. *Sombras sobre Santos*, Secretaria Municipal da Cultura, 1988, p. 15.

Navio prisão Raul Soares.
Foto cedida pela FAMS (Fundação Arquivo e Memória de Santos).

Capítulo

5

Reflexos do Golpe de Estado na Baixada Santista: demissões, prisões e humilhações

Dreyfus, em suas análises, dá muita ênfase a um quadro de incrível coordenação das ações golpistas. Gorender, por outro lado, nas suas análises, ressalta os vários elementos que demonstraram que, politicamente, a correlação de forças estava favorável para o golpe de Estado. Na verdade, as análises de Dreyfus e Gorender se combinam e se completam. E, por essa trilha, vamos tentar explicar os reflexos do golpe de Estado na Baixada Santista.

Os golpistas bem sabiam que haveria focos de resistência na Baixada Santista ao golpe de Estado. Focos de resistência, insistimos.

A Embaixada dos Estados Unidos, por exemplo, articulada com os golpistas, sabedora dos riscos em Santos, organizou a Operação Brother Sam, que consistia em enviar uma força-tarefa com porta-aviões (Forretal), e petroleiros (Santa Inez, Chepachet, Nash Bulk e Hampton Roads) que transportavam 136 mil barris de petróleo. Além de seis destróieres, um navio de transporte de helicópteros, seis aviões de carga, oito de reabastecimento, um de comunicação, oito caças, e um para comando geral das operações. Essa força-tarefa deveria chegar a Santos entre os dias 8 e 11 de abril. Como o golpe se consolidou rapidamente, a operação foi desativada no dia 2 do mesmo mês. Dois fatos chamam a atenção: que a Operação Brother Sam tivesse como destino final a cidade de Santos e não outra cidade portuária, e que incluísse o transporte de petróleo, o que demonstrava a preocupação com uma possível paralisação da refinaria Presidente Bernardes.

Havia muitas razões para os golpistas imaginarem que a Baixada Santista fosse um dos principais focos de resistência ao golpe. Estavam frescas na memória as sucessivas e importantes greves dos últimos três anos. Havia o Fórum Sindical de Debates, que, apesar de sua direção política, era extremamente forte e suas bases poderiam impor à sua direção que extrapolasse na resistência.

Os golpistas agiram rápido. Logo cedo, no dia 1º de abril, 200 policiais armados invadiram o Sindicato dos Operários Portuários, sem resistência, e "detiveram meia dúzia de associados que estavam por lá, quatro diretores e sete funcionários".[1] Todos foram levados ao Deops. Inúmeros dirigentes sindicais e ativistas se amontoavam nas celas. "Soltaram até presos correcionais para poder dar lugar nos xadrezes para os trabalhadores".[2]

Com o mesmo nível de repressão se atuou em outros sindicatos. Prendia-se a diretoria e a Capitania dos Portos decretava a intervenção nos sindicatos e a imediata nomeação de um interventor.

Levas de trabalhadores foram demitidas por justa causa, sem direitos. Inclusive aqueles que tinham conquistado a estabilidade no trabalho.

Mesmo assim, houve resistência e luta. A resistência se deu em dois planos. Um no plano da ação direta através das greves e paralisações. Pararam os motoristas dos 94 bondes da cidade de Santos. Na vizinha Cubatão, entraram em ação os petroleiros da Refinaria Presidente Bernardes, os funcionários da siderúrgica Cosipa e os da Estrada de Ferro Santos-Jundiaí. Jango fugiu e as armas de Brizola eram uma bravata. Isolados, os heroicos trabalhadores da Baixada Santista foram obrigados a recuar e aceitar a derrota.

---

1 MELO, Lídia Maria de. *Raul Soares: um navio tatuado em nós*. São Paulo: Editora Pioneira, p. 90, 1995.
2 Idem.

Outro tipo de resistência foi através da ação indireta, isto é, por dentro das instituições.

"A Câmara (de Santos) foi convocada e ficou em vigília permanente, por mais de trinta dias."[3] Ao final, vários vereadores, sem forças para resistir, foram cassados.

Demissões de ativistas, prisões em massa, intervenção nos sindicatos e cassação de políticos locais. O golpe fora vitorioso. Mas eles, os golpistas, não queriam apenas derrotar, queriam também humilhar.

As humilhações vieram com o navio *Raul Soares*. Rebocado desde o Rio de Janeiro para Santos, serviu de prisão e local para a tortura física e mental dos trabalhadores. O então major do Exército, Erasmo Dias, afirmou: "É claro que o Raul Soares não foi trazido para cá por necessidade de mais prisões. O motivo é psicológico, é evidente".[4]

A mais fiel descrição das condições vividas pelos presos no *Raul Soares* está no livro: *Navio Prisão: a outra face da "revolução"*, de Nelson Gatto. Note-se que no título do livro a palavra revolução está entre aspas, o que se deve ao fato de os golpistas se autointitularem como revolucionários. Publicado em 1965, foi imediatamente retirado das livrarias pelos militares. Mas é possível lê-lo na íntegra através da página: http://www.novomilenio.inf.br.

Algumas histórias vividas no navio são de incrível crueldade

O caso de Waldemar Neves Guerra é uma dessas histórias. Waldemar, presidente do Sindicato dos Empregados na Administração Portuária, à época do golpe, com a autoridade de quem havia lutado na Segunda Guerra Mundial, interpelou o comandante do *Raul Soares*, dizendo que o via muito valente naquela situação, mas que não o havia conhecido nos campos de batalha italianos. Por tal "abuso", o comandante ordenou

---

[3] MARQUES DA SILVA, Ricardo; ALEXANDRINO Carlos Mauri. *Sombras sobre Santos*. Santos: Secretaria Municipal de Cultura, p. 44, 1998.

[4] Idem, p. 15

que o castigassem trancafiando-o ora na Casa de Máquinas, a 50ºC de temperatura, e ora na câmara frigorífica, a menos de zero grau. Pouco tempo depois de libertado, com a saúde abalada, o pracinha-sindicalista faleceu, vítima dos maus tratos propiciados por aquele não teve a coragem e o valor para lutar contra o fascismo em suas entranhas, na própria Itália.

Assim como o valente Waldemar Neves Guerra teve a saúde física abalada, entre muitos outros, também houve casos de abalos psicológicos graves, como o do estivador Zeca da Marinha. Zeca perdeu o controle de seus atos ainda no navio. Entrava no banheiro e ficava imóvel até que alguém o tirasse de lá. Para se alimentar, era preciso que alguém colocasse a comida em sua boca. Logo depois de solto, veio a falecer sem recuperar a sua saúde mental.

O juiz Antonio Ferreira Gandra, da então 2ª Vara Criminal de Santos, concedeu o benefício de habeas-corpus a 16 presos no *Raul Soares*, dos quais 13 foram retirados das células e levados à Capitania dos Portos, na Avenida Conselheiro Nébias. Lá, foram recebidos pelo capitão dos portos, Julio de Sá Bierrenbach, que autorizou a imprensa a fotografá-los. Solenemente, Bierrenbach anunciou:

> *Muito bem. Então vocês estão em liberdade. Agora que estão livres, quero comunicar-lhes que estão presos novamente, à minha disposição, para responder a um novo inquérito que vou instaurar. Podem voltar para o navio.*[5]

Não bastava demitir, intervir nos sindicatos, prender os ativistas ou simples apoiadores. Era preciso humilhar e acabar com a moral dos lutadores.

---

[5] GATTO, Nelson. *Navio Presídio: a outra face da revolução*. Disponível em http://novomilenio.inf.br/santos/h0181d.htm — consultado em 26/09/2013.

Trabalhadores presos no navio *Raul Soares*. 1964. *Foto: acervo FAMS – Fundação Arquivo e Memória de Santos.*

Fotos: acervo APESP.

Capítulo

6

O milagre econômico e a superexploração dos trabalhadores

Nos anos do chamado "milagre econômico" era inegável o crescimento da economia, que avançava de vento em popa e, com ela, se elevavam também as taxas de emprego, como vemos na tabela abaixo.

Crescimento do Emprego Industrial[1]

Ano	Porcentual
1968	+9,9%
1969	–2,8%
1970	+5,2%
1971	+7,8%
1972	+12,6%
1973	+15,2%

1 SEGOVIA, Samuel. As Lutas Operárias em 1973 e 1974. *In*: *A Esquerda e o Movimento Operário – 1964-1984*. Oficina de Livros, 1990, p. 124.

Para se ter uma ideia do que significava a ascensão das taxas de emprego industrial nessa época, as empresas chegavam a ir aos bairros de periferia buscar trabalhadores. Nas estações de trem, era comum ver uma Kombi com alto-falantes oferecendo vagas. O jornal *O Estado de S.Paulo* tinha de cinco a seis cadernos no domingo com ofertas de trabalho.

Havia um sentimento de "este é um país que vai para a frente", como dizia uma música ufanista da época. Nesse espírito, a ditadura durante um tempo manteve-se estável com o apoio da grande burguesia, da classe média e até mesmo de alguns setores do proletariado.

Quando a ditadura começou a mostrar seus limites, surgiram os primeiros brotos de oposição. E os que se opunham e denunciavam a ditadura naquela época tinham distintos vieses.

Um setor da imprensa, bem como dos intelectuais e da própria oposição referiam-se à ditadura como uma máquina de corrupção que serviu para enriquecer os militares, que tiraram proveito da construção de obras faraônicas (a rodovia Transamazônica, as hidrelétricas de Itaipu e Tucuruí, a Ponte Rio–Niterói, a Rodovia dos Imigrantes etc.). A adoção de políticas monetárias que favoreceram o capital financeiro e os enormes subsídios para o capital industrial estariam a serviço do desenvolvimento e fortalecimento de uma casta militar. Segundo esses analistas, os militares — enquanto agentes diretos tanto do capital estrangeiro como do capital nacional — intermediavam e tiravam proveito dos negócios estatais, e assim controlavam construtoras, bancos e indústrias. Essa visão tentava explicar o caráter da ditadura militar de um ponto de vista moral e não político. Era como se dissessem: nós somos impolutos, incorruptíveis, de moral ilibada e não aceitamos a corrupção. Desse modo, o problema da ditadura se resumia ao caráter corrupto do governo.

Na verdade, os que tinham essa postura negavam a visão marxista de que o Estado burguês nada mais é do que o comitê de negócios da burguesia. Agindo assim, esses setores tratavam de esconder que o problema era inerente ao sistema capitalista e seu Estado.

Havia aqueles que analisavam a ditadura militar a partir da violação dos direitos humanos e da liberdade de expressão. Para esses setores, a democratização do Estado seria a tarefa fundamental que deveria vir acompanhada de políticas de bem-estar social, tais como a melhoria das condições de vida e de trabalho para a população. Diziam esses setores que num regime democrático haveria controle social e transparência nos negócios públicos, portanto, menos corrupção. Mais uma vez, nega-se o papel do Estado burguês como comitê de negócios da burguesia.

Outros, ainda, diziam que os dois pontos anteriores eram corretos, porém incompletos. E mais: que o crescimento econômico do milagre foi baseado na extração de uma enorme massa de mais-valia e apoiado na repressão aos sindicatos, às greves e às organizações políticas dos trabalhadores. Os analistas que partiam deste ponto de vista mostravam que, dentro das fábricas, no auge do milagre econômico, havia um verdadeiro massacre contra os trabalhadores. Os acidentes de trabalho, por exemplo, tomaram tal proporção que o Brasil tornou-se conhecido pelo jocoso título de campeão mundial de acidentes de trabalho.

Porcentagem de acidentados no trabalho com relação aos segurados no INPS[2]

Ano	Total de trabalhadores acidentados	Total de trabalhadores segurados no INPS	Trabalhadores acidentados por trabalhadores segurados (%)
1969	1.059.296	7.268.449	14,57
1970	1.220.111	7.284.022	16,75
1971	1.330.523	7.553.472	17,61
1972	1.504.723	7.773.374	19,36
1973	1.800.000	7.900.000	22,78

[2] Idem, p. 124.

Se as péssimas condições de trabalho propiciavam o massacre, por outro lado, a inflação corroía os salários e submetia as famílias a níveis extremos de pobreza. Para contrabalançar os efeitos da inflação, em 1972, as jornadas de trabalho eram estendidas em forma de horas extras. Segundo a Pontifícia Comissão de Justiça e Paz da Arquidiocese de São Paulo, 28,2% dos trabalhadores com carteira assinada trabalhavam mais de 50 horas semanais e 59,5% trabalhavam de 40 a 49 horas semanais.

Na tabela abaixo podemos ver os dados referentes ao aumento do custo de vida para as famílias assalariadas:

Aumento do custo de vida[3]

Ano	Percentual
1971	25%
1972	22,5%
1973	26,6%

Com inflação de dois dígitos, os salários mal davam para as despesas básicas. A estrutura do consumo operário na Grande São Paulo, em 1970, segundo a Comissão de Justiça e Paz estava assim determinada: Alimentação 51%; Transporte 11,5%; Vestuário 10,6%, ou seja, ¾ do salário era para manter o trabalhador de pé e ¼ era para limpeza doméstica, equipamento para a casa, higiene pessoal, saúde, recreação, cultura e recreação.[4]

Não havia a livre negociação entre patrões e empregados para a definição dos salários. Quaisquer iniciativas de organização e mobilização dos trabalhadores, por mais tímidas que fossem, eram reprimidas. Os

[3] SEGOVIA, Samuel. As Lutas Operárias em 1973 e 1974. *In*: *A esquerda e o Movimento Operário – 1964-1984*. Oficina de Livros, 1990, p. 125.

[4] Arquidiocese de São Paulo – Pontifícia Comissão de Justiça e Paz, São Paulo 1975, *Crescimento e Pobreza*. Edições Loyola, São Paulo, 4ª ed., 1975, p. 75.

aumentos salariais eram determinados pelos ministros das Finanças e Planejamento. É dessa época a manipulação dos índices de inflação e dos reajustes salariais denunciados pela imprensa a partir da análise de documentos do Banco Mundial.

Caso específico dos Portuários de Santos: os direitos retirados

Entre os trabalhadores portuários os ataques também foram violentos. No caso específico de Santos, podemos acompanhar o estudo do prof. Fernando Teixeira:

> *O período que se seguiu ao golpe foi vivido como uma tragédia para muitos daqueles operários há muito familiarizados com a conquista de inumeráveis direitos. A partir daí, a luta voltava-se acima de tudo para a sua reconquista. O ano de 1965 foi para os doqueiros uma espécie de segundo golpe: em junho a Lei nº 56.420 anulou todos os direitos firmados entre a Federação Nacional dos Portuários e o Ministério do Trabalho, sob o pretexto de que a CDS não havia feito parte dos acordos trabalhistas. Posteriormente, o decreto nº 5, de 1966, considerou vencidos os acordos estabelecidos há mais de dois anos. Dos direitos conquistados, permaneceram apenas o adicional por tempo de serviço e as "25 diárias". As perdas podem ser assim enumeradas: "salário-chuva"; taxa de 25% em diversos serviços periculosos e insalubres; descanso semanal e férias remuneradas; redução do salário-família; fim dos extraordinários pagos à base de 70% a 290%, sendo as horas noturnas remuneradas com um acréscimo de apenas 20% (CLT); criação de dois turnos de trabalho (um durante o dia e outro à noite, com revezamento semanal); corte na cubagem para os serviços por produção, permanecendo somente a tonelagem, o que representou um corte salarial à base de 50%; drástica redução do número de homens em cada terno de serviço.*[5]

---

[5] TEIXEIRA DA SILVA, Fernando. *A Carga e a Culpa*, Hucitec, São Paulo, 1995, p. 206.

Foto: Cidade de Santos, 11/01/1980, p. 9.

Trabalhadores portuários à época da greve. *Foto: Araken Alcantâra – acervo SEASPS/SINDAPORT.*

Foto: Cidade de Santos, 19/01/1980.

Foto: acervo APESP.

Capítulo 7

O final do boom econômico do pós-guerra e os efeitos no Brasil

A década de 1970 marca o fim de um longo período de expansão da economia mundial iniciada no pós-guerra. Esse fenômeno ficou conhecido como "*boom* econômico" e foi possível em razão da enorme massa de investimentos necessários para a reconstrução da Europa e do Japão, que haviam sido destruídos na Segunda Guerra Mundial. Na verdade, as reconstruções dessas regiões do planeta exigiram que a indústria capitalista mundial, em seus distintos ramos, tivesse um longo período expansivo.

O fim do *boom* econômico do pós-guerra significou, portanto, o início de um longo período de decadência da economia mundial. As crises econômicas a partir dos anos 1974 e 1975 foram adquirindo um caráter crônico e generalizado. Crônico porque, a cada novo ciclo econômico mundial, a crise ia se aprofundando mais e mais; e generalizado porque afetava um número cada vez maior de países.

No final dos anos 1970 e início dos anos 1980, a crise afetou os países capitalistas periféricos e também os chamados países socialistas. Alguns autores dizem que talvez os mais afetados tenham sido os segundos e não os primeiros. Cuba, Polônia, Hungria, Romênia e Iugoslávia sofreram graves crises econômicas e financeiras, particularmente os países do Leste Europeu que haviam contraído dívidas com o FMI.

Nas crises econômicas, como sempre, são os trabalhadores que pagam pelos seus efeitos, tanto os da cidade quanto os do campo. Porém, no mundo todo, ao mesmo tempo em que eles não estavam mais dispostos a aceitar pacificamente a imposição de planos econômicos antioperários, enquanto findava o "*boom* do pós-guerra", eram obtidas importantes vitórias, como a derrota militar dos Estados Unidos no Vietnã, a independência colonial de Angola e Moçambique, e a derrocada da ditadura militar em Portugal, no Irã e na Nicarágua. Na América Latina, na esteira da revolução nicaraguense, a crise econômica veio acompanhada da instabilidade política que derrubou a ditadura no Uruguai, na Bolívia, Peru e Argentina.

Diante do quadro que acabamos de descrever, o imperialismo norte-americano, sempre atento à conjuntura, traçou a política que ficou conhecida como Plano Carter. Essa política estava assentada na convicção de que a crise econômica provocaria a insatisfação e, consequentemente, as lutas dos trabalhadores. A melhor forma de enfrentar isso seria, portanto, a substituição das ditaduras militares por regimes democráticos, pois estes, ao incorporarem parte da oposição aos governos, tinham melhores condições de atenuar e amortecer os impactos da crise.

No Brasil, o general Ernesto Geisel defendia a abertura lenta e gradual, isto é, uma transição reformista do regime militar para a democracia burguesa, mantendo, desta maneira, o controle da situação. O fato de defender a democratização do regime não significava dizer que Geisel era um democrata convicto. Na verdade, ele era pragmático, assim como o restante da burguesia mundial, que percebia a existência da crise econômica e suas consequências no mundo e no Brasil. Já desde 1974, o traço distintivo da economia nacional era marcado pelo fato da curva de preços apontar para cima enquanto as taxas de crescimento econômico apontavam para baixo.

Geisel propôs inicialmente o chamado "consenso das elites" para enfrentar a crise, com um cronograma próprio e ritmos cadenciados. "Erram — e erram gravemente — os que pensam poder apressar [...] pelo jogo das pressões [...]o processo da lenta, gradativa e segura distensão[...]",[1] dizia o presidente-ditador à revista *Veja*. Esse pacto das elites, sem dúvida, não incluía a participação da classe trabalhadora.

---

1 Revista *Veja*. 14/03/1979, p. 49.

O plano de Ernesto Geisel estava repleto de contradições. Ao final do seu mandato, já não vigorava o AI-5, e foram garantidos o habeas-corpus, a imunidade parlamentar e uma relativa liberdade de imprensa. Contraditoriamente, atuando com movimentos pendulares, como se dizia à época, o governo Geisel instituiu o Pacote de Abril que criou a figura dos Senadores Biônicos indicados pelo Executivo, manteve a eleição indireta para os governadores e também para os prefeitos das capitais e das cidades consideradas área de segurança nacional, incluindo Santos.

As Forças Armadas, em especial o Exército, apresentavam publicamente suas fissuras. Suas alas mais conservadoras moviam-se no sentido contrário da abertura lenta e gradual. Houve dois momentos emblemáticos que expressaram essa crise nas Forças Armadas e obrigaram o general Geisel a intervir contra a chamada "ala dura" dos militares.

O primeiro momento se dá em janeiro de 1976, após a terceira morte ocorrida nas dependências do DOI-CODI (Departamento de Operações de Informação — Centro de Operações de Defesa Interna) com a demissão do comandante do II Exército em São Paulo, general Ednardo D'Ávila Melo. Em agosto de 1975, aparecera morto o tenente da Polícia Militar, José Ferreira de Almeida.[2] Em outubro do mesmo ano, foi a vez do jornalista Vladimir Herzog. E, em janeiro de 1976, foi assassinado o operário metalúrgico Manoel Fiel Filho.

Ao afastar o comandante do II Exército, Geisel sinaliza o início da desativação do aparelho repressivo nas condições em que vinha atuan-

---

[2] Para a Comissão Nacional da Verdade, *"Há casos de militares mortos ainda pouco conhecidos. Um deles [...] foi o do tenente da Reserva da Polícia Militar de São Paulo, José Ferreira de Almeida, militante do PCB. Ele foi preso em julho de 1975, ficando incomunicável por um mês e sofrendo vários tipos de tortura. Chegou a se entrevistar com seu advogado, mas, pouco depois, foi encontrado morto. As autoridades do DOI-CODI alegaram suicídio"*. Em depoimento à CNV, o coronel Vicente Sylvestre, preso no dia 9 de julho de 1975, relatou sobre a morte de José Ferreira: *"Era humanamente impossível, não tinha instrumento para isso. [...] Mais tarde ficamos sabendo que ele foi vítima de tortura dentro do DOI-CODI e introduziram no ânus um cabo de vassoura, quebrando na ponta e perfuraram todo o intestino dele. Ele morreu sem o corpo deixar nenhum vestígio, nenhum hematoma, nada"*. *In*: Comissão Nacional da Verdade – Eixo temático: Violações de Direitos Humanos no Meio Militar. Relatório, Volume II, p. 43.

do. O general Dilermando Gomes Monteiro, substituto do general Ednardo, afirmava:

> *Acho que, em nossa vida militar, aprendemos, em estratégia, que um comando age de acordo com as reações do inimigo. Quando o inimigo reagia de uma maneira, nós agíamos de uma maneira. Hoje, o inimigo já evoluiu e age de outra maneira. Nós temos que nos adaptar também a isso e mudar. Então, nossa ação tem que ser mais no campo da prevenção, no campo do esclarecimento do que no campo repressivo. Precisamos agir com serenidade e conduzir o problema de uma maneira que evite casos como esses que têm acontecido.*[3]

Na mesma entrevista, quando perguntado se o DOI-CODI deveria acabar, ele foi enfático:

> *Negativo. Acho que isso não pode acabar, porque ainda estamos com o problema da infiltração subversiva no nosso meio. Eles estão escondidos, estão em hibernação e a qualquer momento podem ressurgir.*[4]

O segundo momento emblemático se dá com a demissão do ministro do Exército Sylvio Frota, no dia 12 de outubro de 1977. Entre os militares favoráveis à abertura havia a preocupação de evitar que o ministro do Exército ganhasse força na sucessão de Geisel, como ocorrera onze anos antes durante a sucessão de Castelo Branco. Naquela ocasião, o ministro da Guerra, general Arthur da Costa e Silva, desde o seu posto, ganhou a disputa para suceder Castelo Branco, enterrando de uma vez por todas as promessas de que, após o golpe de 1964, os militares realizariam uma simples e rápida transição para um novo governo civil eleito pelo voto direto e universal. Desta vez, coube a Geisel destituir o ministro do Exército para garantir a indicação de seu sucessor.

---

[3] Revista *Veja*, 14/03/1979, p. 3.
[4] Idem.

Na verdade, o que estava em jogo não era apenas a indicação de um sucessor para a presidência, mas a execução do plano de uma abertura lenta que afastaria gradualmente os militares da cena política e abriria espaço para a instituição de um regime democrático-burguês.

No dia 15 de março de 1979, assume o quinto e último presidente do regime militar, o general de Cavalaria João Baptista de Oliveira Figueiredo. Figueiredo chega ao posto de presidente depois de disputar com o general Euler Bentes Monteiro, que contava com o apoio do MDB. À primeira vista, como candidato da oposição, imaginava-se que Euler Bentes tivesse um perfil democratizante. Porém, sendo militar de carreira e apoiado pela oposição consentida, suas ações despertavam muitas dúvidas quanto ao seu programa e política para a redemocratização. Comentando uma reunião que Euler Bentes teve com a cúpula do MDB, a revista *Veja* concluía:

> *É provável que nessa conversa se discutam os rumos políticos da campanha do general Bentes. Pois, desde sua visita ao ex-presidente Emilio Médici, na semana retrasada, ouve-se no partido murmúrios de que o seu candidato 'caminhou para a direita'. Os descontentes criticam ainda a dura condenação proferida pelo general na última terça-feira contra a Convergência Socialista.*[5]

A posse de Figueiredo foi uma tentativa de dar um perfil mais popular ao novo ditador. A programação que durou dois dias incluiu uma apresentação da Escola de Samba Padre Miguel, campeã do carnaval carioca de 1979, e uma partida de futebol entre Flamengo e Corinthians disputada com portões abertos ao público, onde se viu Figueiredo com um radinho colado ao ouvido, torcendo pela equipe paulista que foi derrotada por 2 x 0. Para encerrar a posse com chave de ouro, Figuei-

---

[5] No dia 20 de agosto de 1978, os membros da Convergência Socialista realizaram um encontro nacional público que contou com a participação de 1.500 pessoas. Três dias depois, 21 militantes foram presos, entre eles, o dirigente da IV Internacional, Nahuel Moreno. Procurado para solidarizar-se com os presos políticos, Euler Bentes negou solidariedade por considerá-los como uma "minoria radicalizada". Revista *Veja*, 13/09/1978, p. 28.

redo chegou ao Palácio da Alvorada em carro aberto como faria o mais popular dos presidentes civis.

Do ponto de vista político, Figueiredo e seus ministros faziam juras à redemocratização do país. Democracia controlada por eles, obviamente. No discurso de posse, o novo presidente se comprometia a "fazer deste país uma democracia".[6] O novo ministro do Exército, general Walter Pires, afirmava que o novo governo seria o da "edificação das instituições e vivências políticas democráticas, representativas, estáveis e duradouras".[7]

O general Figueiredo e Walter Pires não deixavam dúvidas de que estavam imbuídos da aplicação da versão brasileira do Plano Carter para a América Latina, que traria a esperada abertura lenta e gradual. Mas apesar de uma estratégia definida, havia discordâncias sobre a extensão, profundidade e ritmos do processo de redemocratização.

Nesse quadro geral de abertura lenta e gradual, realizou-se em Brasília uma reunião nacional de entidades estudantis com o objetivo de discutir a reconstrução da União Nacional dos Estudantes (UNE), que se encontrava na ilegalidade desde 1968.

O novo governo militar teve que enfrentar de cara a greve dos metalúrgicos do ABC Paulista. Sua tática foi intervir o mínimo possível durante o conflito e apostar num acordo entre os patrões e os trabalhadores. Vale lembrar que, apenas dez anos antes, durante as greves da Cobrasma, em Osasco, e dos metalúrgicos de Contagem, em Minas Gerais, a ditadura militar não titubeou em agir com truculência e repressão.

Outrossim, o governo Figueiredo foi marcado por três grandes problemas. O primeiro estava relacionado à crise energética mundial, que o obrigaria a tomar medidas drásticas para a redução do consumo de gasolina, provocando uma indisposição com a classe média. O segundo foi a inflação, que estava na casa dos 42% anuais e incomodava amplos

---

[6] Revista *Veja*, 14/03/1979, p. 20.
[7] Idem.

setores de massas. O terceiro, e mais grave, tinha a ver com as lutas dos estudantes e as greves de importantes categorias da classe trabalhadora como metalúrgicos, operários da construção civil e professores.

O último governo dos militares foi a expressão viva da célebre frase de Lenin: "os de cima já não podiam governar como antes e os debaixo já não se deixavam governar como antes".[8]

No destaque, general Ednardo. *Foto: acervo APESP.*

---

[8] *La Bancarrota de la II Internacional*, p.102. (www.marxists.org/espanol/lenin/obras/oe12/lenin-obrasescogidas05-12.pdf).

Capítulo 8

Da resistência econômica à resistência política

Em julho de 1977, mais precisamente no dia 31, surge uma notícia que, por seu conteúdo, colocará os trabalhadores numa posição frontal contra a ditadura militar e em defesa de seus salários.

O jornalista Paulo Francis publicou na primeira página da *Folha de S.Paulo* uma análise dos documentos do Banco Internacional para Reconstrução e Desenvolvimento (BIRD), um braço do Banco Mundial, em que revelou que a inflação de 1973 havia sido manipulada e que, em valores de 1977, significava uma perda de 34,1% dos salários dos trabalhadores.

O ano de 1978 começou sob o signo da luta pela recuperação das perdas salariais "roubadas por Delfim Netto". A primeira fábrica a parar foi a Scania, em São Bernardo. Em seguida, pararam Ford, Mercedes e Volkswagen, o que acabou incendiando o movimento operário de quase todas as fábricas da região. Só na primeira semana de greve havia mais de 24 empresas envolvidas, que somavam sessenta mil metalúrgicos parados. Não distante dali, na divisa de São Paulo com o ABC, parou a Toshiba e o incêndio grevista se alastrou para a cidade de São Paulo.

Os trabalhadores haviam perdido o medo de lutar contra a ditadura por suas reivindicações econômicas e, mais do que isso, ganharam confiança para seguir lutando. A ascensão das lutas se estendeu ao campo e em setembro ocorreu a greve dos cortadores de cana de Cabo de Santo Agostinho, em Pernambuco.

No mês de outubro, uma assembleia metalúrgica em São Paulo reuniu aproximadamente 30 mil pessoas e 250 mil entraram em greve. O contagiante clima das greves alastrou-se pelas cidades vizinhas de Osasco e Guarulhos.

No final de 1978, contabilizava-se que por volta de um milhão de trabalhadores haviam estreado sua nova forma de luta: as greves por fábrica. As greves por fábrica eram uma forma direta de enfrentar o patrão e, inconscientemente com o governo, pois, até então, os aumentos salariais eram decididos pela área econômica do governo militar. A partir dessas greves instituiu-se a livre negociação entre patrões e empregados, sem a tutela do Estado. Enfim, um dos pilares do chamado milagre econômico, a política salarial centralizada pela ditadura, fora atacada em suas bases.

Em 1979, a tática mudou. As greves por fábrica passaram a ser de toda a categoria. Nesse ano, calcula-se que um total de 3 milhões e 200 mil trabalhadores fizeram greve em mais de 450 paralisações.

Ainda em 1979, ocorreram greves de bancários em vários estados, especialmente em São Paulo e Rio Grande do Sul. Os funcionários públicos que tinham apenas um aumento salarial por ano também entraram em greve para enfrentar os efeitos da inflação e das perdas acumuladas. A vanguarda dos funcionários públicos foram os professores e médicos. No Rio de Janeiro, pararam 82 mil professores. Em São Paulo, primeiro paralisaram os 65 mil funcionários municipais e, em seguida, foi a vez dos funcionários do Estado, totalizando 250 mil trabalhadores. Nesse mesmo período, ocorreram greves na Polícia Militar do Rio de Janeiro e da Bahia.

Os motoristas de ônibus também foram à luta. No Rio de Janeiro, houve uma participação de 45 mil motoristas e, em São Paulo, a paralisação atingiu 150 mil. Os operários da construção civil de Belo

Horizonte pararam por três dias com muito quebra-quebra e repressão, resultando na morte de um trabalhador, Orocílio Martins.

Podemos dizer que em pouco mais de um ano os trabalhadores avançaram em vários quesitos da luta de classes. Primeiro, aprenderam que precisavam lutar não somente para recuperar as perdas salariais, mas também pela redução da jornada e por melhores condições de trabalho.

Aprenderam que as greves não poderiam seguir divididas e isoladas por fábrica ou local de trabalho, mas a partir da vanguarda organizada nas Cipas e Comissões de Fábrica, e deveriam ser decididas em grandes assembleias, com a paralisação de toda a categoria. Esse aprendizado possibilitou uma das lições mais importantes ao nível das fabricas: para vencer, seria necessário enfrentar os patrões, o governo e os dirigentes sindicais pelegos, cumplices da situação de penúria da classe.

A mudança na correlação de forças entre as classes

As coisas tinham começado a mudar a partir das greves, em especial a da Scania no ABC que no dia 12 de maio de 1978 iniciou uma paralização por 20% de aumento e simbolizou a ruptura das amarras que mantinham os trabalhadores na defensiva.

Em síntese: a correlação de forças entre as classes estava mudando. Os trabalhadores abandonavam a passividade e enfrentavam nas ruas os aparatos repressivos da ditadura.

Para entender o conceito de correlação de forças imaginemos uma balança de dois pratos. Pois bem, desde 1964 o prato da balança da correlação de forças entre o proletariado e a burguesia pendia à custa de muita repressão para o lado da burguesia. Foram anos de resistência extremamente passiva.

Em geral, podemos definir quatro situações da luta de classes: a) contrarrevolucionária; b) não revolucionária; c) pré-revolucionária e d) revolucionária. Essas situações não são uma linha reta ascendente; elas obedecem às vicissitudes da luta de classes, podendo avançar ou retroceder. No caso específico de 1980, poderíamos dizer que era a transição de uma situação pré-revolucionária para uma situação revolucionária. Em *A falência da II Internacional*, de Lenin, podemos identificar esses conceitos marxistas:

> *Para um marxista, não cabe dúvida que a revolução é impossível sem que haja uma situação revolucionária; além disso, nem toda situação revolucionária desemboca em uma revolução. Quais são, em termos gerais, os sintomas que definem uma situação revolucionária? Seguramente não erraremos se tomarmos os três sintomas principais: a) a impossibilidade para as classes dominantes de manter imutável sua dominação; essa ou aquela crise nas "alturas", uma crise na política da classe dominante que abre uma brecha pela qual surgem o descontentamento e a indignação das classes oprimidas. Para que estale a revolução não basta que "os de baixo não queiram", mas também é necessário que "os de cima já não possam" seguir vivendo como até então. b) Um agravamento, fora do comum, da miséria e dos sofrimentos das classes oprimidas. c) Intensificação considerável, por essas causas, da atividade das massas, que em tempos de "paz" se deixam explorar tranquilamente, porém, em épocas turbulentas são levadas, tanto pela situação de crise, como por culpa dos 'de cima' a uma ação histórica independente.*[1]

A incompreensão desse início de mudança na correlação de forças talvez tenha sido provocada por uma leitura incorreta da realidade ou pelo desprezo pela teoria no que concerne à dinâmica e aos ritmos da luta de classes. No caso do PCB e do MR-8, a nosso ver, há uma combinação de ambos os fatores.

---

1 *La Bancarrota de la II Internacional*, p.102. (www.marxists.org/espanol/lenin/obras/oe12/lenin-obrasescogidas05-12.pdf).

Correlação de forças e política para o movimento operário

Como parte desse processo, se deu uma disputa entre as oposições sindicais e os velhos pelegos pela condução das lutas. Dessa disputa formaram-se dois grandes blocos. De um lado, o bloco da Unidade Sindical e, do outro, o bloco dos Autênticos. O bloco da Unidade Sindical, também conhecido como bloco dos reformistas, é composto pelo PCB, MR-8, PCdoB e os velhos dirigentes sindicais. O bloco dos Autênticos é capitaneado pelos dirigentes sindicais metalúrgicos do ABC, bancários de São Paulo e Porto Alegre, petroleiros e por uma infinidade de oposições sindicais.

Em uma carta denominada *Chega de Aventuras!*,[2] quatro dirigentes do PCB e do MR-8, que atuavam nos metalúrgicos de São Paulo, explicam as razões das diferenças que cercavam o bloco da Unidade Sindical e o bloco dos Autênticos.

Para esses companheiros, a Oposição Metalúrgica de São Paulo tinha métodos aventureiros e antidemocráticos, pois quando os três sindicatos metalúrgicos (São Paulo, Guarulhos e Osasco) haviam definido uma pauta com aumento de 50% nos salários e piso salarial de CR$ 6.104,00, a Oposição Sindical considerou a proposta "pelega" e impôs 83% de aumento e piso de CR$ 7.200,00. Entre os metalúrgicos de São Paulo, nas assembleias e nas ruas prevaleceu a proposta da Oposição que se transformou na consigna: "83% ou greve!". Tal consigna, segundo os autores do texto, "paralisava a negociação com os patrões".

Os sindicatos de Osasco e Guarulhos preferiram seguir com a pauta rebaixada que havia sido derrotada em São Paulo e aplicar a fundo a política de Joaquinzão (Joaquim dos Santos Andrade) e companhia, a qual priorizava a negociação com os patrões e não a ação direta.

---

2 FREDERICO, Celso. *A Esquerda e o Movimento Operário – 1964-1984*, Oficina de Livros, 1991, vol. 3, BH, pp. 97-105.

Essa atitude de não priorizar a negociação e seguir pela via da mobilização era o que os companheiros do PCB e MR-8 chamavam de "aventureirismo".

Delfim Netto, Ministro do Planejamento acusado de manipular os índices salariais e provocar a perda de 34,1% dos salários *Foto: acervo APESP.*

Foto: Antonio Ernesto Papa – acervo SEASPS/SINDAPORT.

Foto acervo FAMS – Fundação Arquivo e Memória de Santos

Capítulo 9

Na orla do porto, os trabalhadores se inquietam

Desde 1964, os trabalhadores da orla portuária, tanto os da Docas como os avulsos, viram seus direitos serem retirados pelos patrões e pela ditadura militar. Até mesmo direitos garantidos pelas leis vigentes na época foram desrespeitados. O pagamento das férias e do décimo terceiro salário era feito com os critérios estabelecidos pela Companhia Docas de Santos, sem observar o estrito critério da lei. Em síntese, a CDS, sabedora das condições políticas adversas para os trabalhadores, aplicava a lei como lhe conviesse. No dia 13 de dezembro de 1973, o informe do Deops intitulado *Descontentamento dos Empregados da Cia Docas de Santos*, diz:

> *Apelo ao presidente da República no sentido de determinar aos órgãos competentes medidas que atendam as reivindicações dos portuários junto à Companhia Docas de Santos, foi feito, através da moção apresentada pelo deputado Joaquim Carlos Del Bosco Amaral, à Assembleia Legislativa. A Companhia, com medidas protelatórias, não está cumprindo decisões judiciais sobre o pagamento de férias e 13º salário.*
>
> *Esclarece ainda que os motoristas em guindastes e os empregados na administração portuária confiam no 'Supremo Mandatário da*

Nação' como árbitro imparcial que determine medidas urgentes para que se investigue os direitos reclamados e o descaso da Cia Docas, no sentido [digo] no que concerne as decisões judiciais. Finalmente, afirma não se tratar de uma questão meramente política, e sim da luta pela aplicabilidade das normas e decisões judiciais.

Os portuários reivindicam o pagamento de férias aos trabalhadores, com base no artigo 140 da CLT, já que a DOCAS até hoje não cumpre decisão judicial favorável, e pleiteiam o 13º salário que é pago sem se computar todos os adicionais e vantagens pecuniárias auferidas pelo exercício, em flagrante desacordo com a melhor interpretação do Direito do Trabalho. A solicitação é feita pelo Sindicato dos Motoristas em Guindastes e Sindicato dos Empregados da Administração dos Serviços Portuários.[1]

Os avulsos também se movimentavam. Diferente dos trabalhadores portuários que eram contratados pela Companhia Docas de Santos, os avulsos eram requisitados pelas companhias de navegação diretamente aos sindicatos profissionais. Nesse caso, a relação entre capital e trabalho é indireta, cabendo ao sindicato o papel da intermediação, recolhimento dos valores e o pagamento dos salários, FGTS, 13º salário e férias.

No caso específico de Santos, os trabalhadores da estiva vinham lutando há anos pelo recebimento dos valores recolhidos pelo sindicato e desviado pela direção sindical que atuava com o beneplácito do Ministério do Trabalho, isto é, pela própria ditadura militar.

Desde 1973, um grupo de estivadores alimentava um grupo de oposição à diretoria do sindicato que, naquele momento, era dirigido por Percy de Souza Patto. Esse grupo publicava e distribuía no cais o boletim *A Vanguarda*.[2]

---

1 Arquivo Histórico de São Paulo – Docto Deops. Informação 544/73, pasta 50-Z-81-17545.
2 Arquivo Histórico de Santos – Informe da SSP/Dependência de Ordem Política e Social. DEREX, Pasta Nicanor José da Silva, p. 13.

Somente cinco anos depois, já com os ventos das lutas sindicais soprando pelo país, no dia 15 de março de 1978, 500 estivadores tomaram as instalações do sindicato exigindo o pagamento das férias e do 13º salário referente aos anos de 1976 e 1977:

> *[...] na semana passada, na quarta-feira... cerca de 500 trabalhadores irados cercaram o Sindicato dos Estivadores de Santos durante doze horas, e suas reivindicações não se prendiam a vantagens futuras. Ao contrário, eles pretendiam apenas receber em dinheiro as férias e o 13º salário do ano passado.*[3]

Era a primeira grande manifestação coletiva de trabalhadores portuários desde 1964. Esse fato marcava o início de uma nova época do movimento sindical portuário da Baixada Santista:

> *Este não terá sido exatamente o marco do ressurgimento do movimento sindical entre os 7.500 trabalhadores da estiva de Santos. Mas, de qualquer forma, os incidentes da semana passada vieram mostrar que o cais voltou a se mexer.*[4]

Os ativistas de vanguarda continuaram levando seu descontentamento à beira do cais. Suas publicações eram dirigidas aos estivadores, mas incendiavam as demais categorias e isso era motivo de preocupação para os militares. Para potencializar o poder de fogo de suas lutas, os estivadores criaram duas formas organizativas muito importantes. Uma foi a "Comissão dos Oito". A outra iniciativa foi a publicação de um novo boletim denominado *Parede*, o qual era acompanhado de perto pelos órgãos repressivos do Estado:

> *[...] empenham-se em intenso proselitismo de esquerda na Baixada Santista, mormente no âmbito da classe operária estivadora do*

---

[3] Revista *Veja*, 22/02/1978, p. 66.
[4] Idem.

> *Porto de Santos" e, ao mesmo tempo, "estariam arrecadando importâncias e, efetivamente, são os responsáveis pela confecção de panfleto denominado* Parede, *ora em circulação, principalmente na zona portuária de Santos.*[5]

Percy de Souza Patto foi destituído do cargo de presidente do Sindicato dos Estivadores e Silvio Garcia Diniz assumiu como interventor nomeado pelo delegado regional do Trabalho, em São Paulo, Vinicius Ferraz Torres. Silvio Diniz havia feito parte da diretoria nas sucessivas gestões de Percy Patto e, como tal, gozava da confiança do ministro do Trabalho Arnaldo Prieto, e também da confiança dos órgãos de controle e de repressão da ditadura, mas não gozava da confiança dos trabalhadores da estiva. Assim, a Comissão dos Oito ganhou peso e representatividade.

A Comissão dos Oito foi pouco a pouco se constituindo em um órgão de duplo poder na categoria estivadora contra a diretoria pelega do sindicato. Silvio Diniz falava e a Comissão dos Oito deliberava se cumpriria ou não. Ao representante do ministério do Trabalho em São Paulo, Vinicius Ferraz Torres coube impor ditatorialmente quem determinaria os desígnios da categoria. Através de um telex dirigido ao presidente da Junta Governativa do Sindicato dos Estivadores de Santos, datado de 24 de agosto de 1978, afirmava:

> *Determino, que a partir desta data, a junta governativa é o único órgão autorizado nesse curto interregno, ou seja, até 1º de novembro, data da posse da nova diretoria, a falar pela nobre classe dos estivadores.*[6]

E não era somente pelo não cumprimento das decisões judiciais, no caso da Companhia Docas de Santos, ou por malversação de fundos dos

---

5 Arquivo Histórico de Santos – SSP/SI/DOPS/SANTOS, folha 5, Pasta Nicanor José da Silva, p. 10.
6 Arquivo Histórico de Santos – Telex n. 1098, de 24/08/1978, Pasta Nicanor José da Silva, p. 17.

trabalhadores confiados aos dirigentes sindicais atrelados aos patrões e ao governo que o cais se inquietava.

O cais também se agitava pelos baixos salários, pelas péssimas condições de trabalho, pela total insegurança na movimentação de cargas, pela falta de roupas e equipamentos apropriados ao trabalho, pela falta de higiene nos banheiros, e uma longa lista de reivindicações.

Um caso bastante emblemático foi o desaparecimento do trabalhador portuário Odir Miltino Campos, conhecido como Capitão. Miltino desapareceu no porto em dezembro. Sua família o procurou na Docas, nas delegacias de polícia e nos hospitais. Por fim, seu corpo foi encontrado desfigurado, dentro de um navio grego na longínqua Holanda.

Odir Miltino Campos (Capitão).

Foto: Cidade de Santos, 19/01/1980.

> *A família da vítima forneceu toda a documentação que demonstra que a identificação do corpo foi precária e que o consulado do Brasil em Amsterdã e a Companhia Docas de Santos, bem como as autoridades policiais, estaduais e federais estão negligenciando o gravíssimo caso de um portuário que, desaparecendo de seu local de trabalho, razoavelmente distante do navio grego Gianes B (no dia 18 de dezembro), apareceu morto, com o corpo totalmente despedaçado, no momento da descarga desse cargueiro na Holanda, em 18 de janeiro.*[7]

[7] *A Tribuna* (Santos), 17 de março de 1980, p. 5.

O caso do trabalhador conhecido como Capitão poderia ter se transformado em uma importante bandeira de luta pela melhoria das condições de trabalho na área portuária, mas tal fato não ocorreu, visto que o centro das atenções da categoria nesse período era a campanha salarial, a greve e seus desdobramentos. De qualquer maneira, serve como exemplo para ilustrar o total descaso dos patrões e do governo militar, que contavam com a cumplicidade de dirigentes sindicais pelegos.

Foto: Cidade de Santos, 16/01/1980.

Foto: acervo FAMS – Fundação Arquivo e Memória de Santos.

Capítulo 10

Os trabalhadores da Docas se preparam

As contradições vinham se acumulando ao longo dos últimos dezesseis anos, conforme vimos no Capítulo 2. Ao mesmo tempo, os trabalhadores avulsos tinham realizado algumas lutas importantes, obtido conquistas, e isso influenciava o conjunto dos trabalhadores portuários a lutar. Os trabalhadores da Companhia Docas de Santos, representados pelo sindicato dos Operários Portuários, da Administração Portuária, dos Guindasteiros e dos Motoristas, constituíram a Unidade Portuária, como forma de lutar de maneira unificada por seus direitos.

Como na metáfora do filme *Encouraçado Potemkin,* a "água começou a ferver" com a discussão do índice de produtividade. Essa discussão deve ser vista em três âmbitos: a) a nova política salarial imposta pela ditadura militar; b) os sucessivos recordes de produção da Companhia Docas de Santos e c) o reconhecimento da produtividade obtido pelos estivadores. Vejamos caso a caso.

a) A nova política salarial da ditadura militar

Preocupados com as sucessivas greves de 1978 e 1979, a ditadura militar buscou alterar o mecanismo de reajuste nos salários. A primeira medida foi a criação da Lei nº 6.706, de 30 de outubro de 1979, que seria regulamentada pelo presidente Figueiredo em 14 de março de 1980. O decreto presidencial regulamentava o reajuste semestral, uma importante mudança que buscava esvaziar os efeitos da inflação anual e, ao mesmo tempo, estabelecer o ganho adicional por produtividade.

O reajuste semestral seria definido pelo INPC (Índice Nacional de Preços ao Consumidor) definido pelo IBGE (Instituto Brasileiro de Geografia e Estatística). A produtividade era citada, porém sem definir critérios para a sua apuração. Deveria ser discutida entre patrões e empregados e, caso não chegassem a um acordo, deveria ser instaurado um dissídio coletivo e esse índice seria decidido pela Justiça trabalhista. No caso dos trabalhadores avulsos da orla portuária, o índice seria decidido pela Sunamam (Superintendência Nacional da Marinha Mercante).

Após a promulgação do decreto presidencial, o banqueiro Murilo Macedo, na época ministro do Trabalho, explicava a razão dessa mudança: em primeiro lugar, tratava-se de controlar a enorme onda grevista que assolava o país. Já não se tratava de enfrentar as greves com a polícia, mas de antecipar-se a elas. E, para isso, era preciso estabelecer uma política salarial. Isso não significava que não haveria repressão às greves, e houve. Tratava-se de uma política preventiva, como pudemos verificar nas palavras do ministro banqueiro:

> *Antes da Lei, caro trabalhador, você era submetido às dolorosas negociações salariais, sempre em busca da reposição daquilo que a inflação lhe tomava todos os anos... Até então, a luta pela manutenção do salário atingia toda a sua família, intranquilizava sua mulher e seus filhos. Isso não podia continuar para sempre. A nova lei garantiu o reajuste semestral automático para todos os salários. Os aumentos são maiores para quem ganha menos, e menores para quem ganha mais.*
>
> *Hoje você não precisa lutar para reparar os danos da inflação. Com a nova lei, isso passou a ser um direito seu. O seu empregador*

tem que reajustar o seu salário, sem discutir, com base no INPC – Índice Nacional de Preços ao Consumidor.[1]

O outro recado tinha que ver com a introdução de ganho por produtividade:

Além disso, você tem direito a um aumento anual, com base na melhoria da produtividade, negociada entre o seu sindicato e os empregadores. Por exemplo, os trabalhadores que têm seu reajuste agora, em março, receberão automaticamente 40,9% de correção, pelos últimos seis meses.

Em cima disso, os trabalhadores receberão um adicional de produtividade que varia em cada caso. O seu sindicato está preparado para a negociação do índice de produtividade. Tudo será mais fácil para o sindicato, uma vez que o reajuste da inflação já está garantido.[2]

O terceiro recado tinha que ver com a primeira tentativa de pacto social depois do golpe de 1964. O pacto social era proposto nos seguintes termos:

O sindicato deve negociar por você. A greve, embora democrática, deve ser usada como último recurso.

Dirijo também esta mensagem ao empresariado brasileiro. Os tempos são novos e o empresariado também precisa amoldar-se a eles. Sua responsabilidade é enorme. O movimento exige sacrifícios, patriotismo e tolerância.[3]

O editorial do jornal *O Estado de S.Paulo*, do dia 16 de março de 1980, analisou o discurso de apresentação da nova lei salarial feito pelo ministro do Trabalho, Murilo Macedo, em rede nacional de rádio e te-

---

[1] *A Tribuna* (Santos), 15 de março de 1980, p. 7.
[2] Idem.
[3] Idem.

levisão. Para o editorial, diante da "antevisão de novas e graves dificuldades no ABC",[4] o governo tomava medidas preventivas e o discurso do ministro era:

> *[...] uma bela peça de oratória, embora para gostos mais apurados beirando à súplica mais do que a fixação de decisões, dando a impressão de que o governo está indefeso diante de maus dirigentes sindicais e maus patrões.*[5]

E concluía também que era uma tentativa de pacto social:

> *[...] o que s. ex. deseja, no fundo, é que todos se sentem à mesa de negociações, conversem, cedam, ponderem e, sobretudo, compartilhem os lucros das empresas [...].*[6]

b) Recordes de produção da Companhia Docas de Santos

A introdução da produtividade no cálculo do salário aguçou nos trabalhadores a discussão sobre o aumento dos ritmos e da intensidade de trabalho nos últimos anos. Era visível o aumento da produção.

Consultando o boletim mensal da Companhia Docas de Santos que aponta os volumes de carga movimentada em cada bimestre, vemos um forte crescimento. Por exemplo, se compararmos o mês de fevereiro de 1978 a fevereiro de 1979, é possível constatar um crescimento de 17,2% no volume de cargas movimentadas.

Agora, se compararmos fevereiro de 1980 com o mesmo mês do ano anterior, vamos constatar que o volume importado cresceu 21,6% e o exportado cresceu 10%. Dessas importações, no quesito sólido a granel, os carros-chefes eram: trigo, milho, adubo, carvão e enxofre. Entre

---

[4] *O Estado de S.Paulo*, 16 de março de 1980, p. 3.
[5] Idem.
[6] Idem.

os líquidos importados, os mais importantes eram: ácido fosfórico e óleo combustível. As exportações estavam baseadas em sucos cítricos, açúcar e café.

A novidade estava no aumento da utilização dos contêineres. Para importação e exportação foram utilizados 13.447 nos meses de janeiro e fevereiro; o que significou um aumento de 3.224 unidades em relação aos mesmos meses de 1979. Um crescimento de 32,5% na utilização dessa tecnologia que seria um dos principais elementos da redução de mão de obra nos anos vindouros.

Esses dados, que eram públicos e divulgados pelos jornais locais, confirmavam aquilo que os trabalhadores já sabiam por experiência própria: o ritmo de trabalho estava alucinante, o que os instigava à luta por aumento de salários.

Sérgio da Costa Matte, então superintendente de Tráfego da CDS, três dias antes da greve ser decretada tentou confundir os trabalhadores. Em entrevista aos jornais, dizia:

> *[...] os dados estatísticos que mensalmente a concessionária fornece, por meio de seu mensário, traduzem apenas o movimento de porto, tanto de mercadorias como de navios. E esse movimento, notadamente de mercadorias, não pode ser confundido com o conceito de produtividade, que é coisa bem diferente. Assim, o fato de um ou mais meses apresentarem recordes de movimentação de cargas não quer dizer, por si só, que tenha havido aumento de produtividade.*[7]

c) Reconhecimento da produtividade obtido pelos estivadores

Estivadores e operários portuários têm uma divisão de tarefas muito peculiar e complementar. Enquanto os estivadores operam a carga dentro do navio, os operários portuários operam na orla do cais. Assim, o volume e a tonelagem que um operar, o outro também opera. No decre-

---

[7] *A Tribuna* (Santos), 14 de março de 1980, p. 12.

to salarial assinado por Figueiredo determinou-se que a produtividade dos avulsos da orla do cais, entre eles os estivadores, seria definida pela Sunamam, que estabeleceu a produtividade dos estivadores em 13,85%. Enquanto isso, para a mesma tarefa na Docas era oferecido apenas 3% de produtividade aos seus empregados.

A campanha salarial, que vinha se arrastando desde novembro do ano anterior, ganhou um enorme impulso com a divulgação da produtividade dada aos estivadores e o valor oferecido pela Companhia Docas de Santos.

Trabalhadores avulsos da estiva se mobilizam, em 1978, e criam na beira do cais um clima de insatisfação.
Foto: acervo FAMS – Fundação Arquivo e Memória de Santos.

Assembleia das quatro categorias no Sindicato dos Operários Portuários.
Foto: acervo SEASPS/SINDAPORT

Capítulo 11

A Assembleia das quatro categorias e a passeata

No domingo, 2 de março, foi realizada no Sindicato dos Operários Portuários uma assembleia unitária das quatro categorias. O jornal *Cidade de Santos* informava que "Nenhuma medida prática, por enquanto, está sendo levantada pela diretoria das quatro entidades para pressionar a empresa",[1] e que os trabalhadores de base estavam um pouco mais radicalizados, pois falavam em "apenas fazer o serviço normal, o que implicaria na queda de 30% da produção".[2]

Na verdade, essa seria a primeira grande assembleia de portuários desde abril de 1964 e havia muitas dúvidas quanto à participação dos trabalhadores. Grupos mais radicais de trabalhadores, como os militantes da Convergência Socialista, também eram cautelosos quanto à participação. Para eles, ter noção do tamanho da assembleia seria um termômetro para medir que propostas mais avançadas levariam à mobilização a partir daquela assembleia.

A então dirigente da Convergência, Dirlei Leme da Fonseca, também conhecida como Zeca, em seus cadernos de anotação afirmava que os ativistas estavam divididos sobre o tema do tamanho da assembleia: "há os que caracterizam que serão 800 e há os mais otimistas que falam em 1.500".[3] Em verdade, a assembleia surpreendeu até os mais radicais. Estiveram presentes mais de 4 mil trabalhadores:

---

[1] *Cidade de Santos*, 2 de março de 1980, p. 7.

[2] Idem.

[3] Arquivo pessoal e anotações de Dirlei "Zeca" Leme da Fonseca.

Pouco antes do início da reunião, por volta das 20 horas, a concentração de trabalhadores já era muito grande. Assim que os dirigentes iniciaram o encontro, o auditório da entidade estava literalmente tomado e muitos operários tiveram que aguardar a decisão do lado de fora.[4]

Essa inesperada participação levou a uma readequação das propostas para as quatro categorias ali reunidas:

Impactados pelo tamanho da assembleia, fomos formulando nossas propostas na marcha dos acontecimentos. O Nobel, que era o porta-voz do nosso grupo na assembleia, fez uma linda intervenção contra a proposta da Docas. Num gesto teatral, pegou a proposta, rasgou em pedacinhos, e jogou para a assembleia, levando os trabalhadores a gritarem a palavra que mais queríamos ouvir: greve. A outra parte da intervenção foi o indicativo de realizar uma passeata naquela mesma noite que serviu para dar visibilidade às decisões da assembleia e espírito de corpo para uma categoria dividida em quatro sindicatos.[5]

A Agência Central do Serviço Nacional de Informações recebeu um documento originado no DSI do Ministério dos Transportes, datado de 7 de março de 1980, no qual informam:

Entre os oradores se destacou o portuário Nobel Soares de Oliveira, que durante seu pronunciamento rasgou, em atitude demagógica, a proposta apresentada pela CDS, tendo também feito alusões à greve e se destacando na organização da passeata que se seguiu à reunião.[6]

Na mesma assembleia, Benedito Furtado, então secretário do Sindicato da Administração Portuária, explicou aos trabalhadores o resultado

---

[4] *Cidade de Santos*, 4 de março de 1980, p. 3.
[5] Entrevista de Lauro Inocêncio da Silva Sobrinho aos autores.
[6] Arquivo Nacional no Distrito Federal – COREG – ACE 6267/80.

do estudo realizado pelo DIEESE e que, segundo ele, deveria se transformar na formulação econômica a ser reivindicada junto à CDS. Para Benê:

> *As diretorias propõem que se divida com os trabalhadores o bruto conseguido pelo porto no ano passado. Ou seja: o porto rendeu em 1979, cerca de 200 milhões. Se pegarmos 15% desse bruto teremos 43 milhões e se dividirmos esse porcentual por 12.500 empregados — que compõem a massa portuária assalariada — veremos que cada empregado poderá ter incorporado ao seu salário aproximadamente CR$ 3.300,00. Isso quer dizer, nossa ideia é pedir 15% de produtividade, na folha de pagamento.*[7]

No mesmo informe do DSI/MT, vemos confirmada a informação acima:

> *A proposta aceita pelo plenário foi apresentada por Benedito Furtado de Andrade, 2º Secretário do Sindicato dos Empregados na Administração dos Serviços Portuários de Santos, e consistia na reivindicação de 15% sobre o total da folha de pagamento de janeiro da CDS, sendo esse quantitativo dividido igualmente entre todos os componentes da folha, o que daria, aproximadamente, CR$ 3.500,00 para cada um. Quanto à Gratificação Individual de Produtividade - GIP, prevista pela Lei 4.860/65, seria mantida na sua atual condição e atualizada no decorrer do ano.*[8]

E essa foi a formulação reivindicativa aprovada pela assembleia.

Terminada a assembleia, os trabalhadores começaram a passeata pelas ruas centrais da cidade. Saindo pela Rua General Câmara, percorreram a Martin Afonso, na João Pessoa, desfilando suas inquietações no sentido contrário ao trânsito de veículos, e seguiram nessa rua até atingir a Praça Rui Barbosa, depois foram às ruas do Comércio e XV de

---

[7] *Cidade de Santos*, 4 de março de 1980, p. 3.

[8] Arquivo Nacional no Distrito Federal - COREG - ACE 6267/80.

Novembro, terminando na Praça dos Andradas. "Esse percurso tinha o objetivo de passar pela porta dos dois principais jornais da cidade, *A Tribuna* e *Cidade de Santos*, como forma de chamar a atenção para a luta dos portuários".[9]

Foto: Cidade de Santos, 4/03/1980.

---

[9] Entrevista de Lauro Inocêncio da Silva Sobrinho aos autores.

O dia a dia das negociações em Brasília

Foram quinze dias de espera pelas negociações em Brasília. A ditadura militar e os patrões contavam com o espírito conciliador da direção sindical. Desse modo, a tática do governo e dos patrões da Companhia Docas era a de ganhar tempo e esperar que a poeira baixasse.

Poderia ter sido uma boa tática, não fosse o fato de que, com as lutas salariais dos últimos dois anos, a correlação de forças na sociedade estivesse visivelmente alterada. Nesse período, ficava claro o axioma leninista: "quando os de cima já não podem governar como antes e os debaixo já não aceitam ser governados como antes [e como consequência] abre-se uma situação revolucionária".[10]

---

[10] *La Bancarrota de la II Internacional* – p.102 (www.marxists.org/espanol/lenin/obras/oe12/lenin-obrasescogidas05-12.pdf)

Capítulo

12

O perfil dos dirigentes sindicais portuários

Antes de passar ao capítulo da greve propriamente dita, vale a pena relembrar quem eram os principais dirigentes portuários naquela época.

Vamos analisar em separado o perfil dos dirigentes da Confederação, da Federação e dos sindicatos. A nova vanguarda merece um estudo à parte, pois é um fenômeno diferente na gênese e no desenvolvimento do movimento dos trabalhadores daquela época.

Para tal análise, é preciso rememorar um pouco a história do movimento sindical brasileiro.

No III Congresso Nacional dos Trabalhadores, realizado em 1960, o centro do debate esteve relacionado à criação de uma central sindical. No debate ficou claro que havia três posições.

Uma posição era defendida pelo PCB e pela chamada "ala esquerda" do PTB. Propunham um programa nacionalista e apoiavam as Reformas de Base do governo Goulart. Eram também conhecidos como "vermelhos".

Uma segunda posição era composta por pelegos históricos vinculados à central sindical norte-americana AFL-CIO. Estes eram conhecidos como os "amarelos".

A terceira posição era formada pelos chamados "renovadores", composta também por pelegos históricos, janistas e militantes cristãos de direita. Tinham vínculos mais fortes que os "amarelos" na relação com o sindicalismo norte-americano apoiado e financiado pela CIOSL através de sua regional, a Organização Regional Internacional do Trabalho (ORIT):

> *Esta organização [ORIT] criou, no Brasil, o IADESIL e o Instituto Cultural do Trabalho – ITC, para disfarçar suas atividades no país. Ela, através do IADESIL e do ITC, em conexão direta com o Departamento de Estado do governo norte-americano e a CIA, eram orientados e dirigidos pelos sindicalistas do bloco dos renovadores.*[1]

Segundo Waldemar Rossi, o IADESIL (Instituto Americano para o Desenvolvimento do Sindicalismo Livre) e o ITC (Instituto Cultural do Trabalho):

> *[...] deram treinamento a cerca de 30 mil ativistas sindicais brasileiros, aqui e nos EUA. Esses seriam os futuros interventores nos sindicatos após o golpe militar. Do MSD,*[2] *destacaram-se o Joaquinzão, Joaquim dos Santos Andrade; Clemiltres Guedes e Orlando Malvesi, interventores dos principais sindicatos metalúrgicos da Grande São Paulo.*[3]

Entre os objetivos do golpe militar de 1964, como vimos nas razões apresentadas pelo ex-ministro do Planejamento, Roberto Campos, estava o de controlar a "infiltração comunista que ameaçava subverter

---

[1] GIANNOTTI, V. *História das Lutas dos Trabalhadores no Brasil.* Rio de Janeiro: Mauad X, 3ª ed., 2009, pp. 169-170.

[2] O MSD (Movimento Sindical Democrático) foi criado em 1961 pelos sindicatos dirigidos pela direita e será o braço sindical do Ipes (Instituto de Pesquisas e Estudos Sociais), organização que articulava o golpe de Estado.

[3] ROSSI, W; GERAB, J. *Para entender os sindicatos no Brasil: uma visão classista.* São Paulo, Expressão Popular, 2009, p. 45

a ordem social e econômica",[4] e enfrentar a "paralisação sucessiva da produção pelos líderes grevistas, frequentemente com objetivos políticos claros".[5]

Para que esse plano desse certo, foi necessário utilizar dois tipos de repressão. Uma através das ações do Ministério do Trabalho, destituindo as direções sindicais e impondo interventores. A outra face dessa mesma política foi a repressão policial pura e simples:

> *Usando a prerrogativa facultada pela legislação sindical, o Ministério do Trabalho, entre 1964 e 1970, praticou 536 intervenções em entidades sindicais, destituindo diretorias em exercício e nomeando interventores. Destas, 432 (80,6%) ocorreram em 1964 e 1965. Neste período, foram realizadas 383 intervenções em sindicatos, 45 em federações e 4 em confederações, atingindo 18,75% dos sindicatos, 42% das federações e 82% das confederações existentes. No estado de São Paulo, coração do sistema econômico brasileiro, 115 sindicatos e 7 das 18 federações sofreram intervenção ministerial.*[6]

Em 1969, por exemplo, utilizando-se do Ato Institucional nº 5, o governo militar atacou diversas direções sindicais, inclusive mais distantes dos grandes centros, em verdade cidades do interior de baixa densidade demográfica e pouca tradição de lutas. O Partido Comunista, em seu jornal, assim relatava a situação:

> *Dezenas de entidades sindicais de trabalhadores, das mais importantes do país, acabam de sofrer a intervenção do Ministério do Trabalho. Por portaria do dia 14 de fevereiro, o coronel Jarbas Passarinho demite e afasta de suas funções sindicais, para as quais foram eleitos por*

---

[4] DREYFUSS, R.A. *1964 A Conquista do Estado (ação política, poder e golpe de classe)*. Petrópolis: Vozes, 5ª ed., 1987, p. 134.

[5] Idem.

[6] Angelina Cheihub Figueiredo. Política Governamental e funções sindicais, 1975 – mímeo. *In*: TAVARES DE ALMEIDA, Maria Hermínia e SORJ, Bernardo. *Sociedade e Política no Brasil pós-64*. Ed. Brasiliense, S. Paulo, 1984. 2 ed., p. 199.

> *seus colegas de trabalho, mais de cem dirigentes sindicais, sob o pretexto de que "não demonstraram condições para garantir a disciplinação da entidade em consonância com a ordem social vigente", isto é, a ditadura. Segundo a Portaria do Ministério do Trabalho, essas medidas foram tomadas dentro do espírito que ditou o Ato Institucional nº 5.*[7]

A repressão era para dirigentes sindicais e também para os dirigentes políticos da classe trabalhadora. Tanto que:

> *[...] entre 1964 e 1966, 108 dirigentes sindicais e representantes políticos dos trabalhadores foram punidos com suspensão de seus direitos políticos e perda de mandatos parlamentares.*[8]

A Oposição Metalúrgica de São Paulo teve dois de seus dirigentes assassinados em 1970 e 1972, Olavo Hansen[9] e Luís Hirata, respectivamente. Entre 1974 e 1976, foram assassinados sob tortura 15 membros do Comitê Central do PCB. No mesmo ano de 1976, numa reunião da direção do PCdoB, no bairro da Lapa, em São Paulo, foram fuzilados e presos diversos membros dessa organização. No ano de 1977 foram presos diversos militantes operários e dirigentes da Convergência Socialista que atuavam no ABC Paulista, entre eles, Celso Brambilla.

Toda essa resenha histórica foi feita para que possamos entender e demonstrar os processos vividos pelos dirigentes que em 1980 se propuseram a dirigir a greve portuária. Alguns deles já eram dirigentes sindicais antes do Golpe de 64. Outros se desenvolveram dentro desse período histórico. São eles:

---

7 Voz Operária, nº 49, março de 1969 *In* FREDERICO, Celso. *A Esquerda e o Movimento Operário 1964-1984*, Edições Novos Rumos, São Paulo, 1987, p. 256.

8 Idem.

9 LEAL, Murilo. *Olavo Hansen – Uma vida em desafio*. São Paulo: Cultura Acadêmica, 2013.

Walter Menezes

Presidente da Federação Nacional dos Portuários

Já antes de 1964, a diretoria da Federação Nacional dos Portuários era considerada pelega, conforme podemos observar no livro *A Carga e a Culpa*, de Fernando Teixeira da Silva. Nas notas explicativas, o autor afirma:

> *De acordo com Alberto Pires Barbosa, comunista dirigente do SEASPS e eleito 1º Secretário da Federação, Valter Menezes era "considerado por muita gente como um autêntico pelego, mas aí ele era arrastado".*[10]

Tal afirmação não nos parece exagerada. Ao verificar a descrição feita por Maria Hermínia Tavares de Almeida, de que 82% das Confederações sofreram intervenção, no caso de Walter Menezes, podemos constatar que ele conseguiu a proeza de "passar despercebido" da repressão imposta aos trabalhadores.

Arlindo Borges Pereira

Secretário da Federação Nacional dos Portuários

Em 1970, no auge da repressão policial do regime militar, Arlindo Borges Pereira e Walter Menezes formaram parte de um grupo de trabalho no Ministério dos Transportes, com o objetivo de unificar a estiva e capatazia. No dia 16 de fevereiro de

Arlindo.
Foto: Cidade de Santos, 4/03/1980.

---

[10] TEIXEIRA DA SILVA, Fernando. *A carga e a culpa*. São Paulo: Hucitec, 1995, p. 240.

1970, realizou-se no Sindicato dos Operários Portuários de Santos a assembleia na qual se discutiu o tema. O tom conciliador da assembleia presidida por Arlindo é descrito pelo Deops no Relatório Reservado nº 56, quando afirma que "os trabalhos da assembleia decorreram em perfeita ordem, notando-se, inclusive, ambiente de otimismo quanto às projetadas modificações".[11]

Arlindo, vendedor de ilusões e otimismo, conforme o Relatório Reservado nº 56, recebeu o aval da ditadura militar para assumir o cargo de secretário da Federação Nacional dos Portuários, em 1971, conforme se lê no informe do Deops, de 10 de dezembro de 1973:

> *Alberto Mattar encontrava-se no exercício da presidência do órgão de classe há quase dois anos quando o presidente eleito, Arlindo Borges, tomou posse na diretoria da Federação Nacional dos Portuários.*[12]

Autobiografia de Romulo de Souza.
Foto: Julio Portellada.

Romulo Augustus Pereira de Souza

Diferente dos demais dirigentes, deu-se ao trabalho de escrever suas memórias. O título do livro é bastante sugestivo: *Memórias de um pelego*. Aos 66 anos, resolveu rever sua vida e contá-la. A biografia, segundo o autor, é uma necessidade, pois:

---

[11] Arquivo Histórico SP – pasta 50-Z-81-14994.
[12] Arquivo Histórico SP – pasta 50-Z-81-17550.

> *[...] quando começamos a nos transformar na negação dos próprios princípios em que um dia acreditamos. Socialista aos 20, uma necessidade moral. Depois dos 40, uma "enganação". Aos outros e aos próprios.*[13]

De família acomodada economicamente, ingressou na Escola da Marinha Mercante, sem "jamais ter embarcado, sustentado por meu pai, a questão salarial era, para mim, coisa de outro planeta".[14] Quando da greve de 1980, tinha a patente de Capitão de Longo Curso — o mais alto posto dado a um oficial de náutica da Marinha Mercante.

Entre 1965 e 1968, deu seus primeiros passos em sua carreira sindical. Primeiro como diretor de base e depois como presidente do Sindicato dos Oficiais de Náutica e vice-presidente da Confederação Nacional dos Trabalhadores em Transportes Marítimos, Fluviais e Aéreos.

Sua relação com a ditadura militar sempre foi muito cordial. Em seu livro, chama o golpe pelo mesmo nome utilizado pelos militares: Revolução de 1964. Além disso, afirma que: "é necessário dizer que muito maior receptividade encontrei nos governos militares do que naqueles da 'soi-disant' democracia tupiniquim".[15]

O coronel Jarbas Passarinho, ex-ministro do Trabalho, que ordenou a repressão às greves de Contagem e de Osasco, segundo *Memórias de um Pelego*, era: "um espírito brilhante e dos maiores homens públicos que conheci, foi um contato que nunca perdi, durante minhas duas décadas de vida sindical. É um dos maiores amigos com quem contou, durante esse período, o trabalhador marítimo".[16]

Os patrões da empresa em que trabalhou, segundo o autor, inicialmente não o aceitavam como dirigente sindical, mas, "Bem depressa a Netumar se daria conta, através da inteligência de Walter Gainsbury,

---

[13] PEREIRA DE SOUZA, Romulo Augustus. *Memórias de um pelego*. Rio de Janeiro: Gryphus, 1998, p. 7.
[14] Idem, p. 4.
[15] Idem, p. 11.
[16] Idem, p. 171.

Ariosto Amado e Henrique Leal, seus donos e armadores, das vantagens de ter um comandante seu como presidente do Sindicato".[17]

A disputa sindical entre Romulo e o grupo opositor cutista, em 1987, foi resolvida no melhor estilo do sindicalismo gangsterista da CGT de Joaquinzão, Magri e outros, do qual ele fez parte: "coloquei na cintura dois revólveres e afinal subi as escadas, possuído daquilo que o código Penal denomina de *Animus Nocendi* — vontade de matar".[18]

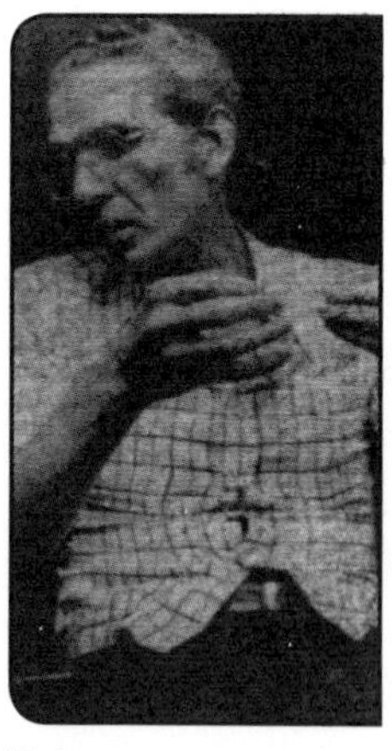

Trigo
Foto: Cidade de Santos, 4/03/1980.

José Dias Trigo

Presidente do Sindicato dos Condutores de Veículos Rodoviários

Ideologicamente, José Dias Trigo era o mais bem formado dos quatro dirigentes de sindicato. Havia frequentado os cursos do IADESIL e do ITC, segundo ele mesmo afirmou.[19] Portanto, tinha recebido uma educação anticomunista e defendia os caminhos da ditadura. Caminhos de repressão e super-exploração da classe trabalhadora. Suplente de vereador pelo partido dos militares, a ARENA, acumulava cargos no sindicato, federação e confederação. Além disso, era vogal da Justiça do Trabalho. Os vogais eram escolhidos pela Justiça do Trabalho entre os sindicalistas mais servis para participarem dos julgamentos e recebiam salários

---

[17] Idem, p. 173.
[18] Idem, p. 318.
[19] Arquivo pessoal e anotações de Dirlei "Zeca" Leme da Fonseca.

de Juiz. A figura do vogal era uma aberração tamanha e tão odiada que foi extinta na Constituição de 1988.

Como bom quadro, educado pelo IADESIL e ITC, era anticomunista, mas também sabia fazer acordos com os comunistas. Antes da greve, ingressou na Unidade Portuária, a versão local da Unidade Sindical, pois em poucos meses enfrentaria eleições em seu sindicato e precisava mostrar ares de modernização.

Nas eleições, enfrentou uma chapa organizada por Geraldo de Oliveira Souza, o Mineiro, membro da primeira Comissão Provisória do PT e da Convergência Socialista. Ganhou a eleição e promoveu uma festa de posse com vinte barris de chope e a presença do presidente do TST, Orlando Coutinho, do prefeito nomeado de Santos e do Secretário de Relações do Trabalho no governo de Paulo Maluf. "Estavam presentes representantes dos sindicatos do Rio, São Paulo e interior[...] representantes das empresas de ônibus... o ex-deputado Marcelo Gatto."[20]

Ou seja, na festa da posse, Trigo soube unir os representantes da mais alta magistratura, dos empresários do setor de transporte, dos malufistas e, pasmem, do Partido Comunista Brasileiro, através do vereador Moacir de Oliveira, que inclusive discursou.

---

20 *Cidade de Santos*, 4 de agosto de 1980, p. 3.

Nelson "Bacurau" Batista

Presidente do Sindicato dos Operários Portuários

Bacurau. *Foto: Cidade de Santos, 27/03/1980.*

No final de 1979, Nelson Batista disputou e ganhou as eleições de José Agualusa que dirigia o Sindicato dos Operários Portuários, desde 1973. Antes das eleições, de forma pragmática, procurou construir uma rede de apoiadores para sua chapa.

Nas anotações de Dirlei Leme da Fonseca, lemos que: "Bacurau quer o apoio de Lula para as eleições sindicais".[21] E, ainda: "Tony irá a São Bernardo para conversar com o Lula".[22] Tony era o militante da Convergência Socialista de Cubatão que, com outros militantes, em 10 agosto de 1979 promoveu a primeira atividade pública com Lula na Baixada Santista, que serviu para alavancar a construção do PT na região.

Do ponto de vista político, em 1974, Bacurau havia apoiado a candidatura de Marcelo Gatto, do PCB, para deputado federal. Em menos de seis meses de mandato, além do seu papel na greve, como veremos

---

[21] Arquivo pessoal e anotações de Dirlei "Zeca" Leme da Fonseca.
[22] Idem.

logo adiante, dois outros fatos mostram o seu perfil. O primeiro foi durante a greve, quando impediu o trabalho da imprensa:

> *O presidente do Sindicato dos Operários Portuários de Santos, Nelson Batista, está proibindo que fotógrafos dos jornais que cobrem a greve possam trabalhar dentro do sindicato.*
>
> *Ontem pela manhã, Nelson batia com uma das mãos no peito e dizia: "é ordem minha: fotógrafo de jornal só poder tirar fotografia aqui dentro com minha ordem". Questionado sobre como proceder em sua ausência, concluiu: "Eu não vou deixar o sindicato; portanto, só com ordens minhas".*
>
> *Anteontem, às 2h15 da madrugada, os jornalistas foram impedidos de permanecer no salão onde se realizam as assembleias e foram praticamente expulsos por duas pessoas que se intitulavam "mantenedores da ordem e disciplina.*[23]

A outra atitude foi logo depois da greve, menos de uma semana depois do fim da paralisação, o capitão dos portos Antônio Eduardo de Andrade se despedia da função e assumia Adhemar Soutinho. A transmissão do cargo foi prestigiada pelo comandante do 1º Distrito Naval, vice-almirante Alfredo Karan. Além do comandante da Artilharia Divisionária 2, general de brigada José Pinto Neto; do comandante da Base Aérea, coronel-aviador Lino Pereira, prefeitos da região, diretores das agências de navegação e da Companhia Docas de Santos. Nessa festa patronal e militar estiveram presentes os presidentes dos quatro sindicatos:

> *Nas duras condições de trabalho no cais, a gente trabalhava de bermuda, camiseta e chinelo. Bacurau negou sua origem de trabalhador da carga e descarga, colocou terno e gravata para prestigiar o mesmo capitão de mar e guerra que havia trazido os fuzileiros navais para nos reprimir na greve.*[24]

---

[23] *O Estado de S.Paulo*, 21 de março de 1980, p. 25.
[24] Entrevista de Lauro Inocêncio da Silva Sobrinho aos autores.

Antônio Germano Filho

Presidente do Sindicato dos Motoristas de Guindaste

Alguns militantes petistas da época da fundação do PT não se lembravam de que Germano havia participado do partido naquele período. Talvez pelo seu papel na greve do Porto de 1980, tentavam negar a participação do mesmo no nascedouro do Partido de Trabalhadores. A dúvida foi resolvida a partir de informes do Deops.[25]

Germano dirigia um sindicato pequeno, com aproximadamente 850 trabalhadores. Suas preocupações políticas eram essencialmente com a luta pelo restabelecimento da democracia no país e, por esse motivo, denunciava os agentes da ditadura. Isso fica claro na Plenária do PT realizada no dia 24 de fevereiro de 1980, quando:

> *Denunciou aos presentes que Nobel Soares de Oliveira foi detido no ano p.p. e levado à Capitania dos Portos por delação de José Dias Trigo, dirigente sindical e informante do DEOPS. Disse ainda que Antônio Fernandes Maricato, membro da OIT (Organização Internacional do Trabalho),[26] fez o curso do "Ponto IV"[27] nos EUA e está fazendo oposição à sua diretoria, acusando-o de "agente duplo" e "policial disfarçado".*[28]

Durante a greve, perdeu-se diante dos dirigentes mais expertos e, de forma quase ingênua, reproduziu para a imprensa um diálogo que

---

[25] Arquivo Histórico de Santos, Informe do Dops/Santos, 01/12/1980 – inf. nº 331/80, disponível na pasta PT.

[26] Nota dos autores: no informe da PM fala-se em OIT. Na verdade, trata-se da ORIT.

[27] Segundo apurou a Comissão Nacional da Verdade, o Ponto IV, " Tratava-se de um programa de "cooperação técnica" proposto para os países latino-americanos pelo presidente dos EUA, Harry Truman, em seu discurso de posse em 1949. Recebeu esse nome por ser o quarto ponto do discurso presidencial. No Brasil, o Ponto IV foi estabelecido mediante a assinatura de dois acordos com o governo norte-americano: o Acordo Básico de Cooperação Técnica, de 19 de dezembro de 1950, e o Acordo de Serviços Técnicos Especiais, de 30 de maio de 1953. Utilizando esse programa, o governo norte-americano buscava treinar e aparelhar os órgãos de vigilância dos estados para combater as atividades da "esquerda". Hoje se sabe que o acordo foi firmado com os estados da Guanabara, São Paulo, Minas Gerais e Pernambuco. Em Pernambuco, o acordo começou a vigorar desde 1960. Em 1961, um relatório apresentado à Assembleia Legislativa do estado revela como os funcionários da Secretaria de Segurança Pública participaram do convênio, com treinamento no exterior. Quanto ao treinamento dos militares, este aparece como "cooperação técnica". *In* Comissão Nacional da Verdade – Relatório – Volume II – Textos Temáticos – p. 58

[28] Arquivo Histórico de Santos, Polícia Militar, informe nº CPAI6-033/2-123-80. Pasta nº 11.178 - PT.

os negociadores tiveram com o ministro Murilo Macedo, em Brasília. Segundo Germano:

> *[...] o ministro do Trabalho chegou a pedir para que a gente desse uma paradinha no Nobel, porque se a Docas fizer uma proposta de aumento de 3.200 cruzeiros e se o Nobel se levantar e disser que só aceita os 3.300, uma boa parte dos trabalhadores vai entrar na dele.* [29]

Antônio Gonçalves Pires

Presidente do Sindicato dos Empregados da Administração dos Serviços Portuários

Gonçalves.
Foto: Cidade de Santos, 29/05/1980.

Talvez tenha sido a figura mais pálida do grupo. Foi pressionado pela direita por dirigentes da Federação Nacional dos Portuários e da Confederação, muito mais experientes e hábeis que ele. Pela esquerda, foi pressionado por dois trabalhadores da Administração Portuária, os dirigentes Benê Furtado e Nobel Soares, que tinham as estratégias e táticas bem claras e durante a greve tiveram um papel de destaque. Em síntese, tanto pela direita como pela esquerda, não houve espaço para que Gonçalves Pires tivesse luz própria:

> *O nosso sindicato já teve dirigentes de primeira linha como Leonardo Roittman, Osny Neri, entre outros. Gonçalves Pires era*

---

[29] *Cidade de Santos*, 21 de março de 1980, p. 9.

> *muito limitado sindical e politicamente e não esteve à altura dessa tradição.*[30]

A percepção por parte dos trabalhadores de que a direção sindical não esteve à altura dos acontecimentos pode ser vista nos relatos de uma assembleia meses após a greve, realizada no Sindicato da Administração Portuária. A participação foi muito baixa, considerando-se que era uma assembleia conjunta. Participaram aproximadamente 400 pessoas. Mas a maior impressão da desconfiança esteve expressa na intervenção do Motoreiro de 1ª Classe, Durval Domingos dos Santos:

> *O orador, emocionadíssimo, relembrou da greve de março/80, afirmou que os trabalhadores foram abandonados pelos líderes sindicais que, a seu ver, dividiram a classe portuária; no entanto, solicitou um voto de confiança para os mesmos líderes, porém condicionou esse apoio às lideranças desde que haja o banimento, em todas as decisões da classe daqueles pelegos da Federação e Confederação Nacional dos Portuários, referiu-se aos pelegões: Walter Menezes, Arlindo Borges e Romulo Augusto Pereira de Souza.*[31]

---

[30] Entrevista de Lauro Inocêncio da Silva Sobrinho aos autores.

[31] Arquivo Nacional no Distrito Federal – COREG – Ministério dos Transportes/Divisão de Segurança e Informações – Inf. nº 049, de 01/12/1980. ACE 12343/81.

Foto: Cidade de Santos, 15/03/1980.

Foto: Cidade de Santos, 23/03/1980.

Foto: Araken Alcântara – acervo SEASPS/SINDAPORT.

Capítulo 13

A nova camada de dirigentes de vanguarda que surgia: alcances e limites

Depois de mais de uma década de repressão ao movimento dos trabalhadores da Baixada Santista, começou a surgir na região uma nova camada de dirigentes. Eram, em geral, jovens que, além de atuar no movimento sindical, atuavam no movimento estudantil e tinham referências nas organizações de esquerda.

A expressão dessa nova camada de lutadores sociais que surgia na Companhia Docas de Santos era representada por Benê Furtado e Nobel Soares. Isso não quer dizer que não houvesse outros, na verdade, ambos eram expressões mais avançadas desse processo. Em outras categorias também emergia essa nova vanguarda.

Essa vanguarda que surgia era influenciada, em maior escala, pela Unidade Sindical/Unidade Portuária, organização orientada pelo Partido Comunista Brasileiro e, em menor escala, pelo Movimento Revolucionário Oito de Outubro (MR-8). Outro setor que despontava e que, posteriormente, foi parte do processo de construção do PT e da CUT era fortemente influenciado pela Convergência Socialista. Esse segundo bloco era minoritário e compensava essa condição com uma forte e ativa militância.

É importante entender o programa, a política e o sistema de consignas dessas organizações, especialmente do PCB e da Convergência Socialista, para poder entender a postura que tiveram alguns dos membros da nova vanguarda que surgia por fora dos dirigentes conservadores da Confederação, da Federação e dos sindicatos portuários.

O Partido Comunista Brasileiro (PCB)

O PCB realizou, em 1967, o seu VI Congresso. O último congresso havia se realizado sete anos antes. Neste congresso, caracterizou-se que: "o Brasil se encontra hoje asfixiado por um regime ditatorial militar, de conteúdo entreguista, antidemocrático e antioperário",[1] baseado em "uma doutrina de poder semifascista".[2] Diante dessa situação, o Congresso definia que a luta pela democratização do país era sua principal tarefa e necessitava de uma frente para derrotar a ditadura.

> *O regime e o processo político, inaugurados com o golpe de abril, devem ser combatidos e derrotados por uma frente de forças que a eles se opõem. A frente única pela qual lutamos é, assim, bem mais ampla do que era aquela que tínhamos em mira antes do golpe de abril.*[3]

Em novembro de 1973, o Comitê Central do PCB apresentou o documento: Por uma frente patriótica contra o fascismo. A evolução política do país determinou a mudança de caracterização passando de semifascista para diretamente fascista.

> *O regime evoluiu de uma ditadura militar reacionária para uma ditadura militar caracteristicamente fascista. O governo Médici rompeu com as sobrevivências da ideologia 'liberal' que ainda se manifestavam, embora debilmente, nos anteriores governos ditatoriais.*[4]

É de se notar que apesar da virulência do golpe, das intervenções nos sindicatos, das prisões, torturas e assassinatos de dirigentes sindicais e estudantis, da edição do AI-5, mesmo assim, o PCB identificava em determinados setores e atitudes das Forças Armadas a sobrevivên-

---

1 Informe do Balanço do CC ao VI Congresso, 1967 *in* Pessoa Reynaldo C. (org.) *PCB: Vinte anos de política – 1958/1979*, São Paulo: Livraria Editora Ciências Humanas, 1980, p. 116.

2 Idem, p. 117.

3 Idem, p. 124.

4 Por uma Frente Patriótica Contra o Fascismo, novembro/1973 *in* Pessoa Reynaldo C. (org.) *PCB: Vinte anos de política – 1958/1979*, São Paulo: Livraria Editora Ciências Humanas, 1980, p. 209.

cia de uma "ideologia liberal". Com base no anterior, sua proposta de frente única incluía até mesmo setores do partido da ditadura:

> *Propõe que todas as forças prejudicadas pelo caráter fascista assumido pela ditadura militar se unam numa ampla frente patriótica antifascista, incluindo desde a classe operária, o campesinato, a pequena burguesia urbana, até os setores da burguesia em choque com o regime; desde as forças políticas oposicionistas até os setores arenistas divergentes do caráter fascista do regime.*[5]

Em dezembro de 1975, em uma resolução política do Comitê Central, o PCB não só insistia na frente patriótica antifascista como ampliava os prováveis atores:

> *Na luta contra a ditadura fascista, os comunistas consideram necessário aglutinar todas as forças que, em maior ou menor grau, estão em contradição com o regime, incluindo não só o MDB, a Igreja e a burguesia não monopolista, mas também setores das FFAA, da Arena e até mesmo alguns representantes dos monopólios, descontentes com o caráter assumido pelo regime.*[6]

O Comitê Central do PCB, em maio de 1979, aprovou um resolução política em que reconhecia a nova realidade nacional a partir de importantes greves que aconteciam naquele momento e sua famosa formulação de frente patriótica antifascista agora se expressava na "questão da sobrevivência e da unidade do MDB"[7] e mais, que não se deveria "permitir que o regime possa dividir as forças oposicionistas".[8]

---

[5] Idem, p. 217.
[6] Resolução Política do Comitê Central do PCB, dezembro/1975 *In* Pessoa Reynaldo C. (org.) *PCB: Vinte anos de política* – 1958/1979, São Paulo: Livraria Editora Ciências Humanas, 1980, p. 237.
[7] Resolução Política do Comitê Central do PCB, maio/1979 *In* Pessoa Reynaldo C. (org.) *PCB: Vinte anos de política – 1958/1979,* São Paulo: Livraria Editora Ciências Humanas, 1980, p. 324.
[8] Idem, p. 325.

A ideia dos sindicalistas, de criar um partido de trabalhadores sem patrão, como se dizia na época, era vista pelo PCB como uma atitude da ditadura, visando dividir e enfraquecer as forças da oposição.

Em janeiro de 1976, é demitido o comandante do II Exército, general Ednardo D'Ávila Mello. Em outubro de 1977, é a vez do ministro do Exército Sylvio Frota ser demitido. Esses dois eventos expressam o enfraquecimento da ala dura dos militares. Mesmo assim, o PCB via a possibilidade de uma reversão desse processo. "O governo poderá[...] abandonar sua política de 'abertura' e tentar impor um retrocesso no país".[9]

Essa política cautelosa foi mais bem definida por Hércules Corrêa:[10]

> *Não devemos, em hipótese alguma, praticar e nem permitir, nesse processo político brasileiro, o que chamamos de radicalização. Nem quando pareça motivada por muito boa intenção. Radicalização, em política, sempre houve e haverá. Mas só se justifica como um ato de vontade e de estado de consciência das massas".*[11]

Correa olhava o passado e afirmava que, diante das lutas sindicais prévias ao golpe de Estado, foi um erro ter "optado exclusivamente pela greve".[12]

A política do PCB era sempre alicerçada em uma aliança estratégica com os setores burgueses progressistas e militares patrióticos, como eles mesmos afirmavam. Para tempos de paz, a linha era a frente popular. Para os tempos anormais, de ditaduras, por exemplo, a linha era a frente patriótica antifascista. A tática variava de acordo com a situação, o aliado estratégico era sempre o mesmo.

---

[9] Idem, p. 320.
[10] Hércules Corrêa, um dos 18 membros do Comitê Central do PCB, ex-presidente da Assembleia Legislativa da Guanabara e da direção do Comando Geral dos Trabalhadores à época do golpe de 64.
[11] Entrevista ao *Jornal do Brasil* – 29/07/1979 *In* CORRÊA, H. *A classe operária e seu partido. Textos políticos do exílio*. Rio de Janeiro: Civilização Brasileira, 1980, p. 172.
[12] Idem, p. 173.

Para a aliança com a burguesia, em distintos momentos, sempre era necessário mostrar-se como um partido das ações superestruturais. A ida ao movimento operário era para "construir bases" e não para colocar o movimento em ação. Isso explica a frase: "não devemos, em hipótese alguma, praticar e nem permitir, nesse processo brasileiro, o que chamamos de radicalização".

Durante a greve dos metalúrgicos do ABC, em 1980, Hércules Corrêa aplicou até as últimas consequências a linha de não permitir em hipótese alguma a radicalização. Ele, em pessoa, procurou um representante do governo Figueiredo para juntos acabarem com a greve. Essa atitude de articular com a ditadura o final da greve é relatada pelo próprio Hércules Corrêa, em seu livro *o ABC de 1980*.[13]

A Convergência Socialista (CS)

A CS[14] surgiu a partir da Liga Operária, fundada em 1974. Tanto a Liga Operária quanto a Convergência Socialista reivindicavam a IV Internacional, de orientação trotskista. A IV Internacional tinha diversas correntes internas, como a Tendência Bolchevique, impulsionada pelo argentino Nahuel Moreno, à qual estava vinculada a Convergência Socialista.

As posições políticas e ações da Convergência estavam assentadas em quatro grandes linhas: a) o incremento das lutas e surgimento de uma vanguarda classista; b) o Plano Carter de democratização da América Latina; c) o apoio e incentivo de todas as lutas dos trabalhadores; e d) a construção do PT.

a) O evidente incremento das lutas e surgimento de uma vanguarda classista

No início de 1980, a CS escrevia:

---

[13] CORRÊA, H. *O ABC de 1980*, Rio de Janeiro: Editora Civilização Brasileira, 1980, pp. 116-18.

[14] As opiniões e orientações políticas da Convergência Socialista foram extraídas de seus documentos internos. Diferentemente do PCB, que publicou diversos livros com seus documentos internos, os documentos da CS foram pesquisados através do Centro de Documentação do PSTU e/ou através do site www.arquivosleontrotsky.org.

> *Durante 1978/79, todas as principais categorias dos trabalhadores urbanos entraram em mobilizações salariais (principalmente metalúrgicos, construção civil, motoristas, professores, bancários em São Paulo, Rio de Janeiro, Minas Gerais e Rio Grande do Sul). Em 1979, cerca de 3 milhões de trabalhadores entraram em greve. Generalizaram-se os piquetes, comandos gerais e regionais, e a democracia operária marcou pontos com a instalação de assembleias massivas para decisão do encaminhamento das lutas. Construíram-se direções classistas nesses setores, que surgem como o fenômeno mais importante do movimento de massas, marcando particularmente duas características do classismo: antipatronal e antiditatorial, cuja liderança mais destacada é a de Lula, a primeira direção operária nacional nesses quase 16 anos de ditadura.*[15]

b) Plano Carter de democratização da América Latina

Diante da crise econômica que se avolumava e do questionamento das ditaduras militares em toda a América Latina, o imperialismo concluía que a melhor forma de controlar as massas já não era com governos ditatoriais, mas com governos democráticos burgueses que abrissem espaço para a oposição burguesa e cooptassem parte da vanguarda operária. Era uma política defensiva, é verdade, mas uma política para manter o controle e aumentar a exploração da classe trabalhadora.

> *A luta democrática se combinou com o plano imperialista de aplicar uma terapia democratizante para prevenir, se for possível, situações pré-revolucionárias ou para tratar de desmontá-las, caso surjam.*
>
> *É uma política que, por um lado, tende a ceder às exigências democráticas dos trabalhadores — que permite melhores condições para suas lutas —, por outro lado, pretende utilizar essas concessões para frear a mobilização, fortalecer as opções democrático-burguesas e ten-*

[15] Documento enviado à IV Internacional, 16/01/1980, disponível em www.arquivosleontrotsky.org, consultado em 26/09/2013.

> *tar canalizar o descontentamento por dentro das instituições democrático-burguesas e amortecer as contradições sociais.*
>
> *Este plano global — cuja face econômica é a acentuação da exploração imperialista — procura simultaneamente tratar de impedir que as ditaduras corroídas pela crise econômica, pela luta das massas e suas próprias contradições, sejam derrubadas violentamente pelos trabalhadores, pondo em perigo todo o sistema.*[16]

c) apoio e incentivo de todas as lutas

Se o PCB, através de seu dirigente, afirmava que *"Não devemos, em hipótese alguma, praticar e nem permitir, nesse processo político brasileiro, o que chamamos de radicalização"*, A Convergência Socialista pensava e atuava de forma oposta. Durante a greve metalúrgica de 1979, escrevia:

> *A burguesia e o governo estão se jogando com tudo para impedir uma grande vitória dos metalúrgicos do ABC, vanguarda do movimento operário do país, o que poderia quebrar a política econômica de contenção da inflação.*
>
> ***Este fato transformou a greve em um enfrentamento político dos patrões e do governo contra os metalúrgicos, embora a reivindicação seja meramente econômica.*** *É fácil verificar isso pelo tom das declarações do governo e dos patrões: A FIESP (sindicato dos patrões) disse que as negociações estão suspensas e que agora cabe ao governo resolver.*
>
> *O governo, por seu lado, aumentou a repressão sobre os piquetes, prendeu dezenas de ativistas, ameaçou os sindicatos e tentou mostrar a Convergência Socialista como inspiradora das greves.*
>
> *Além disso, conforme prevíamos, a estratégia do governo foi de isolar os sindicatos do ABC, conseguindo realizar acordos com os sindicatos do interior. Por tudo isso, a estratégia da greve tem que ser*

---

[16] Carta ao Secretariado Unificado da IV Internacional, 27/09/1979, disponível em www.arquivosleontrotsky.org, consultado em 26/09/2013.

> *exatamente inversa do ponto de vista dos trabalhadores:* ***a única forma de se conseguir uma vitória maior é se a greve se generalizar e encontrar a solidariedade dos demais sindicatos e organizações democráticas e não permanecer encerrada nos três sindicatos.***[17]

d) A construção do PT

A Convergência Socialista caracterizava que o ressurgimento do movimento operário no final da ditadura militar estava baseado em um novo proletariado oriundo do chamado "milagre econômico". Esse novo proletariado havia sido sufocado pela ditadura militar por uma década e meia e, por isso, não tinha relação nem com os velhos populistas, nem com os reformistas clássicos.

Essa nova vanguarda era considerada pela CS como classista, isto é, fundamentalmente antipatronal. Além disso, era antiburocrática, ou seja, contra os pelegos que controlavam os sindicatos. Também era anti-imperialista, na medida em que suas ações e greves enfrentavam as multinacionais instaladas no país. E, não menos importante, chocava-se diretamente contra a ditadura militar e seu governo.

Os convergentes viam essa nova vanguarda como um processo muito progressivo naquele momento, mas seu futuro não estava definido. Era necessário ajudá-la a avançar politicamente. Em seus documentos, repetiam:

> *O primeiro passo a ser dado em todos os países que tenham recentemente entrado em movimento, é a constituição de partidos políticos independentes, não importando como, mas bastando somente que ele seja um partido operário distinto (dos burgueses). Esse passo foi dado antes do que esperávamos, e isso é o mais importante. Que o primeiro*

[17] Convergência Socialista – Circular Nacional nº 8 – 1979. CEDOC/PSTU – Centro de Documentação do PSTU.

> *programa desse partido seja confuso e dos mais incompletos, isso é um inconveniente inevitável, mas passageiro.*[18]

Partindo dessa concepção, a CS defendia a mais ampla unidade para confrontar-se sindicalmente com os patrões, unidade de todas as forças que atuavam no movimento dos trabalhadores em defesa de seus interesses imediatos.

Do ponto de vista político, os convergentes defendiam a mais ampla independência da classe trabalhadora diante dos partidos da ditadura e também dos novos partidos patronais.

Em síntese, ambas as organizações, PCB e CS, estavam juntas na luta contra a ditadura, porém tinham importantes diferenças nas análises, caracterizações e políticas para o movimento dos trabalhadores. Entender essas diferenças ajuda-nos a entender o perfil da vanguarda que surgia na beira do cais.

Algumas considerações a respeito da articulação do Partido dos Trabalhadores[19]

Introdução

Fruto de uma decisão tomada pelo IX Congresso Metalúrgico do Estado de São Paulo, recém-realizado em Lins, a articulação do Partido dos Trabalhadores coloca para nós a responsabilidade de elaborarmos um esboço de propostas e medidas concretas que o tornem visível. Cumpre ressaltar que estamos dando os primeiros passos, passos de gigante, que deverão ser objetivo de discussões e enriquecimento posteriores. Achamos que desde o início estas discussões deverão se pautar pela democracia operária, que deverão ser amplamente debatidas, já que é nosso propósito construí-lo de forma que todos se sintam efetivamente participantes e para que se evite o paternalismo.

---

[18] Engels, carta a Sorge, outubro de 1866 , em C.S. Classismo e PT, documento interno – 01/12/1979, disponível no CEDOC/PSTU – Centro de Documentação do PSTU.

[19] Convergência Socialista – Circular Nacional n° 3 – 1979. CEDOC/PSTU – Centro de Documentação do PSTU.

Pelo fato de ainda convivermos com um regime político, que está longe de se livrar de todo um aparato repressivo que sustenta as elites econômicas e sociais privilegiadas do país, que se volta fundamentalmente contra os interesses dos trabalhadores, é necessária uma ampla CAMPANHA DE PROPAGANDA que faça frente à brutal investida que a grande imprensa e os patrões estão fazendo contra a ideia de articulações visando à criação do Partido.

Base e fundamentos do Partido

O Partido dos Trabalhadores deve se estruturar tendo como base de sustentação os sindicatos, seus dirigentes e os trabalhadores sindicalizados. Neste momento, isto se torna uma necessidade, porque é a única forma de evitar que nele penetrem elementos comprometidos com o interesse patronal, ou de políticos populistas que tentarão mais uma vez envolver os trabalhadores.

É necessário ressaltar que se faça um trabalho de ampliação horizontal, no sentido de abarcar todos os sindicatos, e vertical, no sentido de constituí-lo pelas bases. Na ampliação em nível vertical deveremos ter como ponto de referência as comissões de fábrica existentes ou organismos por locais de trabalho.

Em decorrência da legislação que impede a participação política dos sindicatos, propomos que nos organizemos inicialmente como sociedade civil. Conforme nossa proposta inicial, só poderão ser associados dela dirigentes sindicais e trabalhadores sindicalizados.

Articulação Nacional

Para concretizar nossas primeiras atividades, é indispensável que elejamos imediatamente um articulador a nível nacional que seja trabalhador e o mais representativo do movimento sindical brasileiro (Lula, Jacob Bittar, por exemplo).

Programa

Propomos os seguintes pontos iniciais e imediatos de luta que deverão ser a base para a elaboração futura do programa do Partido dos Trabalhadores.

1. DEFESA DO NÍVEL DE VIDA: melhores salários; escala móvel de salários e de horas de trabalho; estabilidade; contra os planos de recessão; que os sindicatos junto com as suas bases discutam e elaborem um plano econômico que atenda aos interesses dos trabalhadores.

2. LIBERDADES DEMOCRÁTICAS: a) para a classe: liberdade sindical; reforma da CLT; criação do CGT. b) para a sociedade: anistia; livre organização partidária; fim do governo militar; eleições livres e diretas; Assembleia Constituinte Democrática e Soberana; por um governo dos trabalhadores.
3. ANTI-IMPERIALISTAS: nacionalização das empresas estrangeiras, dos bancos e grandes empresas, sob o controle dos trabalhadores; defesa do monopólio estatal do petróleo; contra a entrega da Amazônia aos estrangeiros; defesa dos recursos naturais; reformulação da estrutura agrária.

Foto: Araken Alcantâra – acervo SEASPS/SINDAPORT.

Foto: A Tribuna – 17/03/1980.

Capítulo 14

A explosão da greve: Um fim de semana anormal na vida dos doqueiros

No sábado, 15 de março, na sede do Sindicato dos Operários Portuários, houve a última reunião antes da decretação da greve. Uma reunião impactante pelo número de participantes e pelo grau de radicalidade. Eram quase quatro mil trabalhadores espalhados pelo Salão Primeiro de Maio e pelos corredores do sindicato.

Os dirigentes sindicais pediam mais um prazo para a negociação. Pediam aos trabalhadores que esperassem até segunda-feira quando seria realizada a derradeira mesa-redonda. Foi aberta a palavra aos trabalhadores de base e estes não perdoaram seus dirigentes. As críticas foram contundentes e a palavra greve ganhou força. Um orador explicou que na segunda-feira todos os ministros e o presidente Figueiredo estariam reunidos em uma confraternização para comemorar o primeiro aniversário da posse de Figueiredo. E esse mesmo orador dizia: "Por isso não acreditamos nessa mesa-redonda marcada para a segunda-feira".[1] E concluiu: "a nossa greve, a primeira a paralisar o porto santista desde a Revolução de 1964, tem que começar no dia certo, coincidindo com a data do primeiro ano de gestão do Figueiredo".[2]

Nessa reunião que, por seu peso e participação, tinha o caráter de assembleia, apareceu a primeira fissura entre os dirigentes sindicais que queriam protelar a decisão da greve e os trabalhadores de base que estavam dispostos a paralisar o porto. Se até aquela data as coisas corriam um pouco frouxas, a partir do domingo, na assembleia do Ginásio

---

1 *A Tribuna* (Santos), 17 de março de 1980, p. 5.

2 Idem.

Antônio Guenaga, as direções sindicais tentaram retomar o controle do movimento e diminuir o ímpeto dos trabalhadores de base.

Domingo: um dia diferente, um dia de luta

No domingo à noite, único momento de folga para todos os trabalhadores portuários, foi realizada uma assembleia no Ginásio Antônio Guenaga, localizado na Ponta da Praia. Dos 12.500 doqueiros, 7.500 estiveram presentes — 5 mil dentro do ginásio e os demais do lado de fora.

A negociação vinha arrastando-se desde novembro de 1979. No domingo, dois de março, as quatro categorias haviam dado um prazo de mais 15 dias para a negociação. Por fim, no domingo de 16 de março, os trabalhadores votaram por um novo rumo nas negociações. Agora tudo seria negociado com os braços cruzados.

A decisão pela greve foi tomada às 22h40. A assembleia deveria ter começado às 19 horas, mas teve duas horas de atraso. Nessa assembleia, que durou menos de duas horas, "a maior parte dos 17 oradores inscritos desistiu de falar perante o plenário que se agitava aos gritos: 'Para, para, para!'".[3]

Um dos principais dirigentes da greve, Nobel Soares, trabalhador de base, conta o motivo do atraso:

> *Estávamos no palco e atrás das cortinas. Romulo, Arlindo e Trigo queriam que eu não defendesse a greve e defendesse a ampliação do prazo de negociação. Disse que não, que defenderia a greve. A pressão era grande e me dei conta que se eu não aceitasse a proposta deles a assembleia não começaria. Vi que a única saída era dizer para eles que não chamaria a greve. Aí sim, começou a assembleia...*[4]

---

3 *A Tribuna* (Santos), 17 de março de 1980, primeira página.
4 Entrevista com Nobel Soares de Oliveira aos autores.

A primeira intervenção na assembleia foi do Capitão de Longo Curso, Romulo Augustus Pereira de Souza, presidente da Confederação Nacional dos Trabalhadores Marítimos, que comentou a reunião que tivera com o ministro Delfim Netto. Sua fala não foi clara e explícita, mas sua intenção era de postergar a decisão de ir à greve. Contudo, não havia clima para isso. Os portuários já estavam radicalizados, como a maioria dos trabalhadores brasileiros naqueles anos. Os dirigentes sindicais das quatro categorias falaram e não defenderam a greve, mas disseram que "estavam com a categoria, qualquer que fosse a decisão".[5]

A intervenção que marcou os rumos da greve foi a de Nobel Soares, que defendia abertamente a paralisação. No domingo pela manhã, antes da deflagração do movimento paredista, segundo as anotações de Dirlei Leme da Fonseca, os militantes da Convergência Socialista, entre eles o próprio Nobel, já discutiam a greve como um fato e se preocupavam com o seu encaminhamento. As anotações ainda citam: "Tarefas da greve: piquetes, fundo de greve, atividades de apoio e medidas de segurança".[6]

Nobel descreve o que ocorreu na época:

> *Fui o primeiro orador na assembleia e defendi a greve. Fui consequente com os trabalhadores e não 'cumpri' o acordado com os pelegos. Disse que o único caminho para sermos vitoriosos era cruzar os braços para obrigar o governo e a Docas a negociarem. Pedi aos trabalhadores que levantassem os braços em apoio à greve. Os trabalhadores foram logo levantando os dois braços...*[7]

A reunião do dia anterior no Sindicato dos Operários Portuários e a assembleia de domingo demonstraram que a base estava disposta a atropelar seus dirigentes. Observadores atentos do movimento operá-

---

5 *Cidade de Santos*, 17 de março de 1980, p. 10.
6 Arquivo pessoal e anotações de Dirlei "Zeca" Leme da Fonseca.
7 Entrevista com Nobel Soares de Oliveira aos autores.

rio, como o então dirigente do PT local e presidente do Sindicato dos Trabalhadores na Indústria de Trigo, Milho e outros Derivados, Bernabé Manuel Riesco, afirmava que a greve portuária:

> *Vem provar que quando as lideranças não estão comprometidas com a causa do trabalhador, ele [o trabalhador] atropela essas direções. Assim, acho que um ponto positivo dessa greve foi o fato dos dirigentes terem sido atropelados por seus representados. Sinto que essa greve será vitoriosa, porque veio de baixo para cima, e por uma coisa justa.*[8]

A tentativa de controlar os trabalhadores de base ficou clara quando foi aprovado na assembleia que, "O comando da greve foi centralizado nas mãos do dirigente da Federação Nacional dos Portuários, Arlindo Borges Pereira".[9] Dessa maneira, Arlindo se colocava por cima das diretorias dos sindicatos locais e também dos próprios trabalhadores de base.

A assembleia votou também outras três resoluções muito importantes: a) promoção de piquetes de greve; b) não se toleraria a punição de qualquer grevista e c) a greve seria por tempo indeterminado se algum dos seus líderes viesse a ser afastado do cargo por ato do governo.[10]

Foi uma surpresa a decretação da greve?

O governo Figueiredo aparentemente desdenhou da possibilidade da eclosão do movimento paredista. Talvez acreditando que, em Santos, o movimento estava controlado por dirigentes sindicais mais conservadores, diferentes dos dirigentes sindicais do ABC e de outras regiões do país, que naquele momento estavam à esquerda; por isso concluiu que a greve não sairia. Isso explica o jogo de empurra-empurra dos quinze dias anteriores. O então ministro do Planejamento, Delfim Netto, um

---

8 *Cidade de Santos*, 18 de março de 1980, p. 9.
9 *Folha de S.Paulo*, 17 de março de 1980, p. 6.
10 *A Tribuna* (Santos), 17 de março de 1980, primeira página.

dia antes da eclosão da greve, dizia que, "o problema já não era econômico, mas político, e que só o presidente Figueiredo poderia dar a palavra decisiva", ou seja, jogava o problema para cima e tentava protelar os prazos. Mas, por via das dúvidas, alertava que "o governo não negociaria sobre pressão".[11]

O general Milton Tavares, comandante do II Exército, em lugar de analisar o peso das reivindicações econômicas no processo da gênese dos movimentos paredistas, via na infiltração comunista o grande incentivador daquela greve:

> *[...] não quero dizer que a subversão esteja comandando a greve no maior porto do Brasil, mas hoje há infiltração em tudo. E os comunistas não iriam perder uma oportunidade como esta.*[12]

O jornal *O Estado de S.Paulo*, tão anticomunista como o general Milton Tavares, expressou em seu editorial uma análise mais lúcida da realidade da greve. Deixando de lado o debate ideológico, foi direto ao problema econômico e da política salarial recém-criada pelo governo:

> *Montado no tigre da produtividade, o governo não sabe como dele descer, pois se situa ao mesmo tempo contra o 'capitalismo selvagem' e os 'gastos moderados' dos empregadores e contra as lideranças mal avisadas. O resultado aí está: o porto de Santos parado, as instituições representativas (até onde e até quando?) das classes produtoras preocupadas com as repercussões econômicas da greve e o Corpo de fuzileiros navais patrulhando as docas em espetáculo que não se tinha notícias desde 1964.*[13]

Além de criticar a política econômica e salarial, o editorial do "Estadão" advogava pela livre negociação entre patrões e empregados,

[11] *Folha de S.Paulo*, 17 de março de 1980, p. 6.
[12] Revista *Veja*, 26 de março de 1980, p. 21.
[13] *O Estado de S.Paulo*, 19 de março de 1980, p. 3.

mencionava o chamado "populismo autoritário" de Figueiredo e relembrava a necessidade da construção do Estado de Direito:

> *A greve no porto de Santos é a prova de que as negociações sobre produtividade são difíceis no setor governamental; a movimentação no ABC poderá demonstrar, dentro de dias, as dificuldades a serem enfrentadas pelo setor privado. Antes de o governo pretender moldar a realidade por decreto, trabalhadores e empregadores tinham conseguido encontrar fórmulas engenhosas de recuperar o valor monetário dos salários, fazer aumentos reais e, inclusive, redistribuir a renda de forma suportável pelas empresas. Agora, o populismo autoritário coloca o país diante de novos fatos. É diante deles que devemos tomar posição, sem esquecer que está em jogo, também, a construção do Estado de Direito.*[14]

---

[14] Idem.

Foto: Cidade de Santos – 18/03/1980.

A CONDUÇÃO DA GREVE: LIÇÕES PARA APRENDER, LIÇÕES PARA NÃO ESQUECER

A greve em si mesma, a sua direção, o papel dos dirigentes e da base deixaram lições a serem estudadas, analisadas, aprendidas e jamais esquecidas. A seguir, vamos tentar descrever o dia a dia da greve, do seu início, na noite de domingo, até o seu desmonte, na quinta-feira.

Assembleia no Ginásio Antônio Guenaga. No destaque, Lauro Inocêncio, membro do comando de greve. *Foto: Wilson Melo – acervo SEASPS/SINDAPORT.*

Capítulo

15

Segunda-feira, 17 de março: Incertezas, apoios e repercussões no primeiro dia da greve

Os doqueiros entraram em greve desde a zero hora, e logo de manhã partiram em direção ao cais para participar dos piquetes. "Desde às 5h30, grupos de trabalhadores saíram dos sindicatos e postaram-se junto aos portões de entrada da faixa portuária, onde ficaram até as 7h30."[1]

Como não havia rejeição à greve, às 8 horas todos os piqueteiros começaram a voltar aos seus sindicatos:

"No porto parado, permaneciam apenas os vigias de bordo, guardas portuários, os funcionários do setor de conservação da via permanente e, excepcionalmente, os encarregados das máquinas de refrigeração do Armazém Frigorífico, que obtiveram autorização do sindicato para continuar trabalhando, já que lidam com cargas perecíveis."[2]

"A cautela foi desnecessária: nem um dos 12.500 trabalhadores 'furou' o movimento."[3]

Com o porto em greve, outras categorias profissionais também paralisaram

Com o porto totalmente paralisado, os conferentes de cargas, consertadores e estivadores foram os primeiros a parar. Com a greve da CDS, não era possível operar os guindastes e movimentar a carga para dentro ou para fora dos navios. Os estivadores podiam movimentar a carga no

---

1 *A Tribuna* (Santos), 18 de março de 1980, p. 24.
2 Idem.
3 Revista *Veja*, 26 de março de 1980, p. 20.

navio, mas, ao chegar a terra, não havia quem a movimentasse. E sem a movimentação de carga ou descarga, não havia trabalho de conferência, nem eventuais consertos. Só entre estivadores e bagrinhos calculava-se que a greve atingia 9.300 trabalhadores. Também não tiveram o que fazer outras categorias como operadores de rebocadores, taifeiros, arrais, foguistas e marinheiros que operavam batelões, barcaças, lanchas etc.

Considerando-se os trabalhadores dos escritórios de navegação, de empresas de transporte de veículos de carga, os ferroviários, despachantes aduaneiros, entre outras categorias, aproximadamente 35.000 trabalhadores foram afetados pela greve.

A burguesia começa a contabilizar suas perdas

Na segunda-feira havia 43 navios paralisados no porto. O custo para os armadores era de 10 a 15 mil dólares por dia, considerando a taxa de câmbio da época. Os armazéns gerais estavam abarrotados com 2 milhões de sacas de café:

> *A Companhia Siderúrgica Paulista - COSIPA — já cedeu dois de seus armazéns para armazenagem de produtos, mas continuam chegando caminhões trazendo mais café, soja e outras cargas. Eles vão formando longas filas junto à zona portuária, pois os 'chapas' (trabalhadores braçais, espécie de boia-fria urbano) também foram obrigados a paralisar seus serviços, que dependem da continuidade dada pelos grevistas.*[4]

A crise econômica que vinha se desenvolvendo no país poderia ganhar um novo impulso com a greve portuária. Alarmados, os dirigentes empresariais viam ampliar cada vez mais os números de suas perdas:

---

[4] *Folha de S.Paulo*, 18 de março de 1980, p. 20.

"O país também perde com a paralisação das exportações pelo porto de Santos (cerca de 50% dos embarques em todo o Brasil) e com as importações em volume, também próximo dos 50%."[5]

A ilegalidade da greve e a chegada dos fuzileiros ao porto

Três dias antes da greve, em cadeia nacional de rádio e televisão, o ministro do Trabalho Murilo Macedo havia afirmado que: "[...] você [trabalhador] tem direito a um aumento anual, com base na melhoria da produtividade, negociada entre o seu sindicato e os empregadores".[6] E que: "O sindicato deve negociar por você. A greve, embora democrática, deve ser usada como último recurso".[7]

Como já havia afirmado o editorial do jornal *O Estado de S.Paulo*: uma bela peça de retórica. Porém, quando a greve foi deflagrada, passou-se da retórica para a coação. Já na segunda-feira, o dublê de ministro e banqueiro reconheceu o "estado de greve" — era o primeiro passo para considerar a paralisação como ilegal. O Decreto-Lei 1632, de 4 de agosto de 1978, editado pouco antes da grande paralisação dos bancários, dispunha sobre a proibição de greve nos serviços públicos e atividades essenciais de interesse da segurança nacional. O decreto previa, além de sanções penais aos grevistas, outras penalidades, tais como: advertência; suspensão de até 30 dias e demissão por justa causa.

O prefeito nomeado pela ditadura, Paulo Gomes Barbosa, em um gesto para conquistar simpatias, abriu as portas da prefeitura para os dirigentes sindicais. Às 14 horas da segunda-feira, estavam reunidos no gabinete do prefeito: Arlindo Borges (Federação Nacional dos Portuários), Amaro Costa (Confederação Nacional dos Trabalhadores em Transportes Marítimos), Benê Furtado (Sindicato da Administração Portuária), Nelson 'Bacurau' Batista (Sindicato dos Operários Portuá-

---

[5] *Cidade de Santos*, 19 de março de 1980, p. 11.
[6] *A Tribuna* (Santos), 15 de março de 1980, p. 7.
[7] Idem.

rios), Carlos Galuzzi (Sindicato dos Guindasteiros) e José Dias Trigo (Sindicato dos Rodoviários).

Às 17h40, chegaram o capitão dos portos, Antônio Eduardo Cezar de Andrade e o novo capitão que assumiria o posto depois da greve, Adhemar Soutinho. Os militares chamaram Arlindo Borges à parte e ignoraram os outros dirigentes. E permaneceram reunidos por 40 minutos. Em seguida, foram chamados os demais dirigentes, que receberam o seguinte comunicado: primeiro, a greve foi declarada ilegal e, segundo, os fuzileiros navais seriam deslocados do RJ para Santos.

O recado do capitão dos portos, Antônio Eduardo foi claro:

> *O governo está pronto a negociar, no momento em que tivermos um pouco mais de tranquilidade para discutir. A greve foi declarada ilegal, mas não se cogitam medidas de repressão aos trabalhadores. Pelo contrário, a posição nossa é de ajuda, porque tenho muita fé nos portuários de Santos [...].*[8]

Com relação à presença das tropas federais, disse: "as tropas federais não têm intenção nenhuma de tomar medidas repressivas contra os trabalhadores".[9]

Paulo Maluf, o então governador biônico, como se dizia na época, falou claro: "já existe um esquema [policial] montado para os que queiram trabalhar para o escoamento da produção no porto". Maluf também colocou a PM à disposição dos patrões para reprimir os piquetes e deixou claro sua opinião sobre o primeiro dia de greve: "a greve dos portuários já foi além do ponto desejado".[10]

O prefeito nomeado, Paulo Gomes Barbosa, entendeu o recado e se reposicionou diante do movimento dos trabalhadores. Ao tomar conhecimento da ilegalidade da greve e da chegada dos fuzileiros navais,

---

8 *A Tribuna* (Santos), 18 de março de 1980, p. 24.
9 *Cidade de Santos*, 18 de março de 1980, p. 20.
10 Idem.

suspendeu o convite feito ao Comando de Greve para que utilizasse as instalações da prefeitura em prol da mobilização. Para o Comando de Greve, a utilização do Paço municipal era importante, para "demonstrar a inexistência de infiltrações esquerdistas no movimento".[11]

Apoios sindicais e políticos aos grevistas

Os apoios à greve dos portuários foram surgindo. Vinham de trabalhadores e setores políticos que lutavam pela democratização do país. Onze sindicatos (metalúrgicos, vigias portuários, ensacadores de café, gráficos, trabalhadores em minério, padeiros, condutores autônomos, petroleiros, trabalhadores do trigo e milho, bancários e empregados do comercio hoteleiro) afirmavam em nota que:

> *Os trabalhadores portuários de Santos não estão sozinhos, e contam com a solidariedade de todos os trabalhadores hoje preocupados quanto às possíveis medidas que possam ser adotadas pelo governo nas próximas horas.*[12]

Deputados do PMDB, Del Bosco Amaral e Rubens Lara, assumiram uma postura de apoio ativo aos portuários. Lara afirmava:

> *"[a greve] é um reflexo de todos os desastres da política econômica do governo, que resultaram na defasagem de salários em relação ao custo de vida". E a greve é "um instrumento legítimo de pressão".*[13]

Segundo os jornais, até os políticos locais do PDS, o partido da ditadura, estavam solidários aos portuários.

A greve era forte, apoiada por todos os lados, mas a ditadura não estava disposta a tolerá-la. Nesse atribulado tabuleiro de xadrez, as pe-

---

[11] Idem.
[12] *Cidade de Santos*, 18 de março de 1980, p. 9.
[13] Idem.

ças se movimentaram já no primeiro dia. Os trabalhadores mantinham seus sindicatos, em especial o dos Operários Portuários, lotados durante todo o dia. Pela manhã, a paralisação havia chegado a 100%. Havia uma preocupação com as *pegadas* das 13h e das 19h nos chamados pontos vitais, onde as poucas chefias procuravam aliciar os grevistas. Os chamados pontos vitais eram a área de finanças, a inspetoria e os armazéns 31 e 32. Mesmo com a presença de policiais militares nessas áreas a paralisação transcorreu normalmente.

Fotos: Araken Alcântara – acervo SEASPS/SINDAPORT

Capítulo

16

Terça-feira, 18 de março: Nem os pombos apareceram no cais

Na terça-feira, segundo dia da greve, a paralisação seguiu extremamente forte. Revisitando as anotações de Dirlei, lemos no alto do caderno: "Terça-feira: nem os pombos apareceram no cais".[1] Essa expressão, muito usada pelos trabalhadores na época da greve, era utilizada para explicar a total ausência de trabalhadores na orla. Próximo aos silos, durante o carregamento e o descarregamento, muitos grãos e farelos caíam no chão, servindo de alimento aos pombos. Sem qualquer movimentação, não havendo grãos nem farelos no chão, os pombos bateram as asas.

A greve seguia muito forte. Tanto no que diz respeito à quantidade de trabalhadores paralisados como na disposição de lutar até o final, até a vitória. Contudo, surgiram três fatores novos. O primeiro era que os armazéns estavam abarrotados e, com isso, aumentava o clamor pelo fim da greve por parte dos patrões e do governo. O segundo, era a presença dos fuzileiros navais na orla. E, terceiro, a assembleia que seria realizada naquela noite no ginásio da Ponta da Praia.

---

[1] Arquivo pessoal e anotações de Dirlei "Zeca" Leme da Fonseca.

Exportadores e Importadores pressionam pelo fim da greve

No segundo dia da greve, os empresários do comércio exterior intensificaram a choradeira contra a paralisação. A Associação Nacional dos Fabricantes de Celulose afirmava que: "se a greve continuar, estará comprometido o programa do governo que é de exportar 22 mil toneladas ao mês".[2] A empresa alemã Volkswagen, preocupada com o atraso que já estava ocorrendo, se mantinha atenta à extensão da greve, pois pretendia embarcar "918 veículos para Líbia, Egito, Ilhas Canárias e Líbano".[3] E, caso o porto não operasse, deveria pagar "uma multa diária aos armadores no valor de US$ 10 mil dólares (468 mil cruzeiros) por cada dia de atraso na entrega".[4]

As empresas de navegação também gritavam contra a greve: "Um navio que faz a linha para os EUA leva cerca de 12 dias para alcançar a costa norte-americana. É só ficar quatro dias parado em Santos que ele perderá cerca de um terço dos fretes que poderia conseguir".[5] A pressão pelo fim da greve vinha de outros setores, como os exportadores de café, importadores de produtos químicos e de insumos para fertilizantes etc.

O caráter tendencioso das declarações chamava a atenção dos portuários em greve. Os informes oficiais relatavam que havia 30 navios aguardando para entrar no porto. Na quarta-feira chegariam a 40 navios. Isso poderia ser considerado como um caos portuário? O jornal *A Tribuna* considerava que não, ao afirmar que era um número "bastante normal nos dias de chuva no porto, quando chegavam a fundear até 50 navios".[6]

Os empresários, através de suas organizações sindicais, expressavam que sua preocupação era muito mais política do que com a logística

---

[2] *A Tribuna* (Santos), 19 de março de 1980, p. 24.
[3] *Folha de S.Paulo*, 19 de março de 1980, p. 23.
[4] Idem.
[5] *Cidade de Santos*, 19 de março de 1980, p. 11.
[6] *A Tribuna* (Santos), 19 de março de 1980, p. 24.

do comércio exterior, como podemos ver pelas declarações de Arthur João Donato, da Federação das Indústrias do Estado do Rio de Janeiro:

> *A paralisação arbitrária e ilegal no porto de Santos, as anunciadas iniciativas dos metalúrgicos do ABC e, ainda, a solidariedade deixada patente por outros grupos tornam evidente que não estamos mais defrontando reivindicações salariais ou benefícios trabalhistas, mas um grupo de pretensos líderes trabalhistas que revelaram, afinal, suas incomensuráveis ambições políticas e que, já sem discrição ou recato, demonstram lançar-se a uma luta nefanda, qual seja, a de implantar uma ditadura.*[7]

O Palácio do Planalto também tinha suas preocupações, mas não eram exatamente com a logística exportadora ou importadora. Diziam respeito ao problema político-sindical e buscavam uma solução de curto prazo, conforme relatava o jornal *Folha de S.Paulo*:

> *Depois de hora e meia de conversações com o ministro chefe do Gabinete Civil, Golberi do Couto e Silva, o ministro do Trabalho, Murilo Macedo, deixou ontem o Palácio do Planalto com a orientação de encontrar uma solução a curto prazo para pôr fim à greve dos portuários de Santos. Essa diretriz do governo busca evitar que o movimento dos portuários se prolongue e se torne simultâneo com outros movimentos previstos, como o dos metalúrgicos. A determinação de Golberi é de que o governo mantenha a mesma linha de atuação seguida no ano passado no trato da questão com os metalúrgicos do ABC.*[8]

---

[7] *O Estado de S.Paulo*, 19 de março de 1980, p. 24.
[8] *Folha de S.Paulo*, 19 de março de 1980, p. 23.

Tal como em 1964, fuzileiros navais ocupam o porto

Já no primeiro dia de greve foi anunciada a vinda de fuzileiros navais para patrulhar o porto. Para o capitão dos portos, os fuzileiros "não estão no porto para reprimir ou prender alguém, mas para garantir as instalações portuárias e oferecer condições de trabalho para quem quiser trabalhar".[9]

O capitão dos portos, Eduardo Cézar, tinha seu próprio parecer do movimento paredista. Para ele: "pelo que tenho conhecimento, os sindicatos tinham de comunicar oficialmente à CDS o prazo final do entendimento e isso não foi feito".[10]

Ainda que os portuários viessem negociando desde novembro do ano anterior, participando de infinitas reuniões em Brasília, realizando assembleias e passeatas gigantescas, com a greve estampada na primeira página dos jornais da cidade, mesmo assim, para o capitão dos portos:

> *A CDS desconhecia essa informação [do prazo final das negociações] oficialmente e o governo acabou atrasando-se nas negociações. Estava marcada uma reunião entre os dirigentes sindicais e ministros para segunda-feira, às 10 horas, em Brasília, mas os trabalhadores resolveram entrar em greve, interrompendo os entendimentos. Por isso é que se estava pedindo uma prorrogação da decisão da greve para mais 24 horas, o que não foi possível.*[11]

Essas declarações do capitão dos portos foram feitas após "sigilosa reunião com os dirigentes da CDS. Não foram permitidas fotografias do encontro que durou mais de uma hora e que contou com a presença do superintendente da empresa, José Menezes Berenguer, do vice-presidente geral, Saulo Pires Viana e do superintendente de tráfego, Sérgio da Costa Matte".[12]

---

[9] *O Estado de S.Paulo*, 19 de março de 1980, p. 24.
[10] Idem.
[11] Idem.
[12] *Folha de S.Paulo*, 19 de março de 1980, p. 23.

Os fuzileiros navais estavam colocando em prática, em 1980, o que haviam simulado dois anos antes quando da Operação Aragem, um exercício de ocupação das dependências do porto de Santos, simulando a ocupação de pontos estratégicos e vários exercícios de dissolução de piquetes.

Agora a vida se apresentava em sua forma mais real e crua. Duzentos fuzileiros navais armados, portando metralhadoras, chegaram a bordo do contratorpedeiro Santa Catarina. O plano de ocupação do porto foi traçado em uma reunião de hora e meia realizada nas dependências do Grupamento de Fuzileiros Navais. Participaram da reunião "o capitão dos portos, os chefes da Polícia Portuária, o titular do 6º Batalhão da Polícia Militar/I, o capitão Roberto Barreto e o comandante-geral da PM, Adauto Faria Cotrim".[13]

O objetivo desse plano estratégico discutido nessa reunião foi a divisão de tarefas entre os fuzileiros navais e a PM. Aos Fuzileiros caberia "ocupar os pontos estratégicos do cais para permitir que os portuários que quisessem trabalhar a partir de quarta-feira, possam fazê-los sem restrições". Ainda que o capitão dos portos afirmasse: "os fuzileiros não agem como elemento de repressão, nem força coercitiva, e estão aqui apenas para garantir a tranquilidade aos portuários que queiram trabalhar".[14], a presença do fuzileiros navais era objetiva e eminentemente repressiva.

Quanto à PM, os soldados seguiriam exercendo o policiamento em pontos estratégicos, especialmente nos postos fiscais.

> *Em toda faixa do cais havia 24 policiais. Sendo: Armazém 1 (5 PMs); Armazém 5 (2); Armazém 9 (2); Armazém 15 (2); Armazém 20 (2); Armazém 23 (1); Armazém 24 (2); Armazém 25 (2); Armazém 32 (2); Armazém 35 (3); Armazém 42 (1).*[15]

---

13 *A Tribuna* (Santos), 19 de março de 1980, p. 24.
14 Idem.
15 *Cidade de Santos*, 19 de março de 1980, p. 11.

Além desse efetivo,

> *[...]cinco viaturas da Rota da Capital também circulavam insistentemente na vazia zona portuária. Segundo alguns policiais, esse policiamento preventivo deveria ser reforçado à noite ou na quarta-feira de manhã, com a vinda de uma tropa especial de choque da Capital, equipada com escudos, cassetetes elétricos e bombas de gás lacrimogêneo, a mesma que normalmente reprimem as passeatas estudantis e dispersa piquetes de trabalhadores em greve.*[16]

Unidade dos trabalhadores: Apoios recebidos e rejeitados

No segundo dia da greve a pressão já era imensa. Desde o chefe do Gabinete Civil, general (sic) Golbery, passando pelos pesos pesados do empresariado, e a presença dos fuzileiros navais e da PM, todos trabalhavam para pressionar a volta ao trabalho. O prefeito nomeado, Paulo Gomes Barbosa, que havia cedido as instalações do Paço municipal para o comando dos grevistas, começou um vertiginoso recuo deixando antever que naquela noite seria realizada a última assembleia no ginásio de esportes da prefeitura: "Quanto ao ginásio, eu cedi só para mais esta noite [quarta-feira]. Depois veremos".[17]

Estava sendo construído um bloco antigreve e seria necessário um amplo movimento de solidariedade. Até aquele momento, dezesseis sindicatos já haviam emitido notas de apoio, e os políticos da oposição também estavam apoiando abertamente a greve e até setores do PDS mostravam-se simpatizantes da situação. Mesmo assim, foi necessário construir um grande movimento de apoio e solidariedade ativa à greve dos portuários de Santos, como o que veríamos algumas semanas mais adiante com a greve dos metalúrgicos do ABC.

---

16 Idem.

17 *A Tribuna* (Santos), 19 de março de 1980, p. 6.

Aparentemente, esse raciocínio da necessidade de construir um forte bloco de apoio à greve era uma opinião comum entre os participantes da paralisação do porto. Mas a história não foi bem assim.

À medida que preenchiam todos os espaços do Sindicato dos Operários Portuários, os trabalhadores iam se irritando com o governo e a Companhia Docas. O grito de "Trabalhador unido jamais será vencido" tornou-se o grande cântico de guerra dos grevistas, ouvido dentro do sindicato, nas ruas e nos bares vizinhos.

Houve dois momentos de euforia desses trabalhadores grevistas: um quando Bacurau anunciou que "Dezesseis sindicatos apoiavam a categoria criando um bônus de greve para sustentar a resistência" e outro quando "foi revelado que os metalúrgicos do ABC apoiavam os portuários e ofereciam, como ajuda, 10 mil sanduíches".[18]

Os portuários já tinham entendido a força do trabalhador unido e vibravam com os apoios recebidos. Mas, na luta de classes, nem tudo é azul como o céu no raiar do dia. Há outras manifestações que colocam o céu em cores de tempestade.

Romulo de Souza, presidente da Confederação Nacional dos Trabalhadores em Transportes Marítimos, Fluviais e Aéreos, desdenhava da unidade dos trabalhadores e dos apoios recebidos. Segundo ele: "A capacidade de resistência dos portuários é comprovada, a cada dia, nos trabalhos no cais e nos bordéis da orla marítima".[19] Para ele, o apoio dos 16 sindicatos não tinha a menor importância: "Não é necessário. Temos o apoio das prostitutas e das nossas mulheres que estão coesas em torno dos seus homens."[20]

E para mostrar que seu forte não era a unidade dos trabalhadores, aproveitou a imprensa para mandar um recado para o presidente do Sindicato dos Metalúrgicos do ABC, Luiz Inácio "Lula" da Silva, que

---

[18] *A Tribuna* (Santos), 19 de março de 1980, p. 24.
[19] *O Estado de S.Paulo*, 19 de março de 1980, p. 24.
[20] Idem.

havia acabado de realizar uma assembleia com 60 mil trabalhadores e os preparava para a mais longa greve da categoria:

> *Desejo êxito nas suas gestões em prol dos metalúrgicos, mas não se preocupe com os portuários, pois na Baixada não estamos interessados em partidarismo político e, sim, em defender a grana dos trabalhadores. Assim, dispensamos adesões para capitalizar a publicidade de nossa greve.*[21]

Os trabalhadores começam a desconfiar dos seus dirigentes

Entre os trabalhadores havia no ar um sentimento de segurança e crença em suas forças. Mas havia também um outro sentimento: desconfiança! Contra quem? Não se sabia claramente, mas havia. Por via das dúvidas, os trabalhadores impuseram um novo comando de greve com a participação da base. A reivindicação da democracia operária era visível nas declarações:

> *A gente tem certeza de que esse movimento jamais será esfacelado. Há uma supercentralização de decisões e é exatamente isso o que acontece no Governo Federal, cujas medidas o povo não pode questionar ou rejeitar. Hoje, o Comando Geral de Greve foi ampliado com a participação de 16 companheiros, mas, mesmo assim, serão vocês trabalhadores que irão decidir o que fazer, questionando nossas posições. A unidade permanece.*[22]

Também despertava desconfiança o excessivo papel centralizador de Arlindo Borges Pereira.

> *Arlindo, por ser da Baixada Santista, ficou em Santos articulando com os 4 sindicatos. Articulando contra a greve. Ele queria controlar*

---

[21] Idem.

[22] *Cidade de Santos*, 19 de março de 1980, p. 11.

> *a greve por cima. Nossa política era que fosse controlada por baixo, pela base e em decisões coletivas, isto é, assembleias conjuntas das 4 categorias. Por isso fizemos o comando de greve com 4 companheiros de cada sindicato. Dessa forma, cortamos as asas do Arlindo que se intitulava 'comandante geral' da greve.*[23]

Por esse motivo, foi decidido que seriam escolhidos quatro trabalhadores de cada sindicato para formar o Comando Geral de Greve. As responsabilidades e os limites do novo comando também foram informados em um documento público. Em linhas gerais, esse documento tinha três grandes eixos:

> *a) Reconhecem o Comando Geral de Greve como responsável pelo movimento grevista; b) São integrantes dessa direção colegiada, os companheiros indicados pelas quatro categorias; c) A veiculação de informações à imprensa será responsabilidade unicamente do Comando de Geral de Greve.*[24]

A assembleia no Ginásio Antonio Guenaga

O ministro do Trabalho Murilo Macedo já havia dito que o governo não negociaria com o porto parado. Mas a força da greve impôs a reabertura das negociações. Quando os dirigentes da federação, confederação e dos quatro sindicatos já estavam no aeroporto de Brasília para voltarem a Santos, receberam um comunicado solicitando que permanecessem na Capital Federal para negociar.

A assembleia, sem proposta oficial, transcorreu em ritmo de festa. Antes de seu início, puxadores de samba como Carcará e Diniz da Escola Império do Samba colocaram a galera para sambar e cantar: *Unidos todos na mesma barca.* E a cada samba cantado, os portuários

---

[23] Entrevista de Nobel Soares de Oliveira aos autores.
[24] *A Tribuna* (Santos), 19 de março de 1980, p. 24.

entremeavam seu grito de guerra: *"Olê, Olá, o portuário está botando prá quebrar"*.

Cartazes escritos à mão diziam: "CR$ 3.300,00 ou nada"; "CR$ 3.300,00 é tudo"; "Chega de papo-furado". E uma grande faixa dizia: "A fome é ilegal", numa clara alusão à decretação da ilegalidade da greve com base na Lei dos Serviços Essenciais, da época de Geisel.

Essa assembleia teve dois momentos muito importantes: a decisão pela continuidade da greve, e a enorme vaia dada pela presença dos fuzileiros navais na orla do cais. A classe trabalhadora ia aprendendo a desrespeitar a temível ditadura militar.

No caderno de anotações da dirigente da Convergência Socialista, está escrito: "intervenção do Nobel: continuidade da greve e denúncia dos fuzileiros navais".[25]

> *A intervenção do Nobel foi muito importante. Naquele tempo a UNE e a UBES, as duas grandes organizações que atuavam no movimento estudantil, ainda não haviam votado a consigna de "Abaixo a Ditadura", pois, segundo eles, era prematuro. Os doqueiros mandaram o seu recado de forma clara: uma baita vaia.*[26]

Na assembleia estiveram presentes representantes da Unidade Sindical do Estado de São Paulo que foram levar seu apoio. Entre eles, David de Morais (Sindicato dos Jornalistas), Hugo Peres (Federação dos Urbanitários), Afonso dos Santos (Sindicato dos Padeiros) e José Francisco de Campos (Sindicato dos Metalúrgicos de São Paulo).

---

[25] Arquivo pessoal e anotações de Dirlei "Zeca" Leme da Fonseca.

[26] Entrevista de Lauro Inocêncio da Silva Sobrinho aos autores.

Foto: Araken Alcântara – acervo SEASPS/SINDAPORT.

Foto: Araken Alcântara – acervo SEASPS/SINDAPORT.

Capítulo 17

Quarta-feira, 19 de março: A greve continua!

"A greve continua!" Essa foi a decisão dos mais de sete mil trabalhadores, muitos acompanhados de suas esposas, na assembleia da quarta-feira. A votação foi por unanimidade.

O governo contava com o fim da greve nesse dia. O ministro do Trabalho, Murilo Macedo, colocou seu jatinho à disposição dos dirigentes sindicais para que viajassem de Brasília a Santos. Walter Menezes, Romulo de Souza, da Federação Nacional dos Portuários e da Confederação Nacional dos Transportes Marítimos, respectivamente, além dos presidentes dos sindicatos dos Motoristas de Guindastes e da Administração Portuária, Antônio Germano e Antônio Gonçalves, chegaram à Base Aérea de Santos e todos foram diretamente à inspetoria da Companhia Docas de Santos, onde se reuniram com José Menezes Berenguer, o superintendente geral.

Depois, reuniram-se com o Comando Geral de Greve, para discutir os encaminhamentos da assembleia que seria realizada à noite. Antes disso, Murilo Macedo dizia numa entrevista:

> *A greve é coisa do passado. Ela foi absolutamente ordeira e pacífica. Havia poucos ideólogos e quase nenhuma infiltração de movimentos políticos. Os próprios dirigentes sindicais procuraram evitar essas influências"[1] Quando questionado sobre o que ocorreria se a proposta fosse reprovada, ele disse: "então o caso vai para julgamento.[2]*

---

1 *O Estado de S.Paulo*, 20 de março de 1980, p. 40.

2 Idem.

A derrota do governo, da empresa e dos dirigentes sindicais

O governo fez toda uma engenharia interna para convencer a área econômica a aprovar o acordo, mas foi derrotado. A área econômica pressionava por aumentos salariais inferiores, como forma de controlar a inflação e aumentar a taxa de lucro das empresas que vinham apresentando problemas nos seus balanços por causa da crise que começava a se instalar. O acordo foi costurado pelo Ministério do Trabalho, com o CNPS (Conselho Nacional de Política Salarial), o ministro dos Transportes Elizeu Rezende e o poderoso ministro do Planejamento, Delfim Netto.

A empresa também perdeu, pois a cada dia de greve aumentava a rebeldia dos trabalhadores e essa situação poderia ficar incontrolável.

Os dirigentes sindicais pressionavam os trabalhadores a aceitar o acordo, pois, do contrário, o dissídio ajuizado em janeiro iria a julgamento no dia seguinte à assembleia que votara a continuação da greve. "Arlindo esclareceu que, se o TRT decretar a ilegalidade da greve, os trabalhadores e seus sindicatos poderão correr o risco de ser punidos".[3] Mesmo assim, os trabalhadores disseram não. Ao que parece, a advertência só serviu para irritar ainda mais os portuários.

Depois da aprovação unânime da continuidade da greve na assembleia, os dirigentes sindicais se desorientaram: "Após a leitura do documento, a manifestação de desagrado dos trabalhadores colheu de surpresa as lideranças sindicais e o presidente da Confederação Nacional dos Trabalhadores em Transportes Marítimos, Fluviais e Aéreos, Romulo de Souza".[4] "Meio desorientados, os dirigentes sindicais passaram a pedir silêncio e procuraram manter o diálogo com os trabalhadores na tentativa de explicar pormenorizadamente os 13 itens da proposta".[5]

O governo, os patrões e os dirigentes sindicais não acreditavam no que viam. A melhor expressão da indignação contra "as classes

---

[3] *A Tribuna* (Santos), 20 de março de 1980, primeira página.
[4] *O Estado de S.Paulo*, 20 de março de 1980, p. 40.
[5] Idem.

infames",[6] para usar as palavras de Décio Freitas, foi manifestada pelo editorial do jornal *O Estado de S.Paulo*.

> *A decisão da assembleia dos portuários de Santos, rejeitando proposta conciliatória aprovada pelo governo, indica alguns fatos graves, sobre os quais se deve meditar [...]. O primeiro, que não é novo, é que as direções sindicais já não falam mais em nome das categorias, tendo-se estabelecido nos sindicatos operários como que uma 'democracia direta' em que vale apenas a manifestação das assembleias e não a palavra dos dirigentes sindicais [...]. O segundo, é que o governo [...] está totalmente despreparado [...]. Terceiro, as autoridades da área do trabalho não aprenderam nada do passado.*[7]

Na verdade, seguindo a linha de raciocínio do jornal e sem se comprometer com suas conclusões, os trabalhadores acertaram ao ampliar o Comando Geral de Greve e restringir o peso dos dirigentes sindicais. Não tivessem tomado essa atitude, a greve teria terminado antes da assembleia. Em segundo lugar, o governo militar não tinha habilidade nenhuma para conduzir ao fim as greves que vinham se avolumando. Melhor atuaram os chamados governos democráticos, no período pós-1985, na condução das greves. Por último, o ministro do Trabalho e o governo comprovavam que, além de não terem habilidade para enfrentar as greves, caíram no mesmo erro do ano anterior, quando disseram que não haveria greve metalúrgica no ABC, e a paralização não só aconteceu como foi extremamente forte.

---

[6] FREITAS, Décio. *La revolución de las clases infames*, Editorial El Ateneo, Buenos Aires, 2008.
[7] *O Estado de S.Paulo*, 21 de março de 1980, p. 3.

Proposta da Companhia Docas de Santos, rejeitada pelos trabalhadores

1. Aplicar ao valor da GIP (Ganho Individual de Produtividade) de janeiro (CR$ 639,96) correção salarial de 33,2% obtendo-se o valor de CR$ 852,43.
2. Acrescer o valor da GIP, acima corrigido, a importância de CR$ 1.147,57 concedida a título de aumento de produtividade a que se refere o artigo 11 da Lei nº 6.708/79, de forma a obter o valor de CR$ 2.000,00 para aquela gratificação de produtividade, ficando estabelecido este valor como piso mínimo para o primeiro semestre de 1980.
3. Em decorrência, o fator "A" da nova GIP para o 1º semestre de 1980 assume o valor de CR$ 1.733,80.
4. A atual regulamentação da GIP estabelecida como Ordem de Serviço nº 5, de 20/02/1966, baixada pela Inspetoria Geral e suas posteriores alterações serão integralmente mantidas, salvo no que estabelece o item 2º do presente.
5. Os porcentuais que vierem a ser fixados pelo Instituto Brasileiro de Geografia e Estatística – IBGE, para as correções salariais semestrais, aplicáveis aos empregados da CDS, incidirão sobre os valores estabelecidos nos itens 2º e 3º do presente.
6. Elevar de 25% para 50% o porcentual de acréscimo a título de adicional noturno, aplicável ao salário base ordinário diurno, para o trabalho realizado no 2º turno do período noturno (Zero às 4 horas) e nas prorrogações desse período (4 horas às 7 horas).
7. Conceder a garantia de pagamento integral da jornada de trabalho referente às 8 horas de duração dos dois turnos quando houver convocação para a prestação de serviços nos domingos e feriados.
8. Assegurar que, para o preenchimento de antiguidade das vagas que ocorrerem nos quadros de carreira, quando ocorrer empate no tempo líquido na classe, entre dois ou mais empregados, a preferência será dada, inicialmente, ao(s) sindicalizados e em seguida serão utilizados os critérios de desempate pelo tempo de serviço total e pela idade.

9. Acordar no sentido de que o empregado comissionado atualmente em determinada categoria, que tiver exercido anteriormente um ou mais comissionamentos intercalados ou consecutivos, durante tempo igual ou superior a 5 (cinco) anos, será efetivado na categoria que tiver exercido em comissão antes da atual.
10. O Sindicato dos Empregados na Administração dos Serviços Portuários de Santos, São Vicente, Guarujá e Cubatão; dos Condutores de Veículos Rodoviários de Santos; dos Motoristas em Guindastes do Porto de Santos e o Sindicato dos Operários nos Serviços Portuários de Santos, São Vicente, Guarujá e Cubatão providenciarão a homologação do acordado e, pelos três primeiros sindicatos citados, será requerida junto ao Tribunal Regional do Trabalho do Estado de São Paulo a desistência e arquivamento dos dissídios coletivos instaurados.
11. A efetiva aplicação das concessões referidas nos itens anteriores ocorrerá na primeira folha de pagamento, calculada a partir da data de homologação do acordo, e as diferenças relativas aos meses anteriores, de janeiro em diante, serão pagas em folhas suplementares, concomitantemente, com os pagamentos dos meses posteriores ao da primeira aplicação.
12. Nenhuma penalidade será aplicada pela empresa aos seus empregados que tenham participado do movimento grevista. Por determinação governamental, serão descontados os dias parados. O desconto correspondente ao salário-base de cada dia de paralisação será efetuado no primeiro pagamento mensal, após a homologação do presente acordo, e nos pagamentos dos meses subsequentes.
13. No prazo de 90 dias, contados da homologação do acordo, a empresa adotará providências que visarão o debate de questões de interesse dos empregados, tendente a eventual celebração de futuro contrato coletivo de trabalho de natureza não econômica, isto é, do qual não resultem em aumento de despesas portuárias, com a interveniência da Empresa de Portos do Brasil S/A – Portobrás.

Santos, 19 de março de 1980.
Pela Companhia Docas de Santos,
J.M. Berenguer, Superintendente-geral

Foto: Araken Alcântara – acervo SEASPS/SINDAPORT.

Foto: Araken Alcântara – acervo SEASPS/SINDAPORT.

Capítulo

18

Quinta-feira, 20 de março: A força e a disciplina da greve enfrentam o TRT

No quarto dia de greve, os portuários mostraram uma disciplina peculiar à classe trabalhadora. O Comando Geral de Greve, depois de ver rejeitada a proposta de acordo na noite anterior, ordenou o não comparecimento aos postos de serviço. A ordem foi rigorosamente cumprida. Às sete horas da manhã, "hora da pegada", não se via um só doqueiro pela orla do cais, os armazéns estavam todos fechados e os guindastes paralisados. O que se via, na verdade, era o policiamento ostensivo por parte da Polícia Militar e dos Fuzileiros Navais.

Em São Paulo, às 15 horas, o Tribunal Regional do Trabalho, começou a julgar o dissídio coletivo de três sindicatos: dos Condutores de Veículos Rodoviários, dos Motoristas de Guindastes e da Administração Portuária, que havia pedido o julgamento do dissídio. O dos Operários Portuários não foi a julgamento, pois não havia solicitado a medida.

Foi um julgamento que deixou claro de que lado estava o TRT. A primeira irregularidade do julgamento estava nos prazos. Os julgamentos devem ser convocados com 48 horas de antecedência, neste caso, foi convocado logo após o término da assembleia do dia anterior que rejeitou o acordo. Com esse prazo exíguo, os advogados sindicais não tiveram tempo para preparar a defesa, como alegavam. Isso sem falar que o Tribunal julgou a produtividade sem medi-la. Como um mágico, o TRT tirou de sua cartola o índice de produtividade. De fato, o TRT, que teve três meses para apreciar o pedido dos trabalhadores, não o fez. Segundo a Procuradoria do TRT, eles receberam um requerimento da Delegacia Regional do Trabalho, isto é, a representação do Ministério do Trabalho no Estado "para que julgasse ilegal a greve por motivos de segurança nacional, e para evitar o agravamento de prejuízos decorrentes da paralisação".[1] Em síntese, podemos dizer que a Justiça do Trabalho não era um órgão independente do Executivo nacional, ou seja, os militares mandavam inclusive nos juízes civis.

O julgamento foi sumário. Em menos de cinco horas julgaram um a um o dissídio dos três sindicatos portuários. O TRT julgou em primeiro lugar a ilegalidade da greve. Antes ela havia sido considerada ilegal pelo Ministério do Trabalho, agora era considerada ilegal também pela justiça do Trabalho. A produtividade foi definida em 6%. O próprio assessor econômico do ministério do Trabalho, Cláudio Moro, reconhecia que o valor arbitrado era inferior ao valor oferecido no dia anterior pelo Conselho Nacional de Política Salarial e aceito pela Companhia Docas de Santos.

Ao mesmo tempo em que era julgado o dissídio, o todo poderoso Capitão dos Portos, reunia-se com a direção da Companhia Docas de Santos e os dirigentes sindicais. Foram três horas de reunião, note-se que simultaneamente ao julgamento, o que faz concluir que a Capitania dos Portos já sabia seu resultado antes de começar. A reunião foi um ultimato aos dirigentes sindicais e a CDS sobre dois temas: contraproposta a ser apresentada até o meio-dia da sexta-feira e reinício das atividades nos navios.

> *O governo quer o porto funcionando ainda hoje (sexta-feira) e para isto já autorizou a Cia. Docas a movimentar recursos para a contratação dos trabalhadores necessários.*[2]
>
> *Ao mesmo tempo em que o TRT, em São Paulo, declarava ilegal a greve no porto de Santos (...), o capitão dos Portos do Estado de São Paulo, capitão-de-mar-e-guerra Eduardo Cézar de Andrade, infor-*

1 *A Tribuna* (Santos), 21 de janeiro de 1980, p. 32.
2 *Folha de S.Paulo*, 21 de março de 1980, p. 29.

mava ter recebido ordens de Brasília para fazer o porto funcionar hoje (sexta-feira) de qualquer maneira.[3]

Ainda que o Capitão dos Portos falasse grosso, intimidasse os dirigentes sindicais, ele sabia que os trabalhadores não voltariam com tanta facilidade ao trabalho. Para piorar, no Comando Geral de Greve não havia unanimidade em terminar a paralisação. Havendo, portanto, a possibilidade das bases atropelarem os dirigentes sindicais que estavam dispostos a acabar com a greve. Consciente, ele propôs que as CDS e os dirigentes sindicais apresentassem outra proposta com valores superiores aos definidos pelo TRT. O Capitão, que entendia de tática de guerra, foi obrigado a reconhecer a força do inimigo.

Após essa reunião, Bacurau disse: "*Amanhã (sexta-feira) isso vai acabar*".[4] Mais tarde:

> *[...] viaturas policiais, caminhões de tropa de choque, viaturas blindadas e um caminhão de fuzileiros navais desfilaram em frente ao sindicato convidando por gestos os trabalhadores a se retirarem. Nelson Batista [Bacurau] também exortava os trabalhadores a abandonarem o local, sem sucesso.*[5]

---

3 *O Estado de S.Paulo*, 21 de março de 1980, p. 25.
4 *Folha de S.Paulo*, 21 de março de 1980, p. 29.
5 Idem.

Foto: Araken Alcântara – acervo SEASPS/SINDAPORT.

REDO SANTINI
r-Presidente
) MÁRIO SANTINI
Superintendente

A TRIBUNA

M. NASCIMENTO JÚNI
(Diretor 1909-1959)

Propriedade de "A Tribuna" de Santos - Jornal e Editora Ltda

– Santos, sábado, 22 de março de 1980 –

Núme

Greve acabou

mas e um minuto de si-
am os últimos atos que
n, ontem à noite, a gre-
o de Santos. O movimen-
ziado por três dos quatro
envolvidos, e os operá-
ários, que se mantinham
a enfrentar todas as con-
, só desistiram após dra-
elo feito pelo presidente
Nélson Batista, enquanto
ava a ausência de Arlin-
Pereira, o comandante
e de outros dirigentes da
e da Confederação dos
. A luta foi por aumento
r$ 3.300,00, mas os sin-
conseguiram a incorpo-
ta de Cr$ 1.062,47, que
cerca de Cr$ 1.700,00,
rados os reflexos nos adi-
e caracterizam a ativida-
tuários elogiaram parti-
e o empenho demonstra-
pitão dos Portos, Antônio
ésar de Andrade.
termédio do seu superin-
eral em Santos, José
Berenguer, a CDS tentou
em das negociações res-
s na quinta-feira, ale-
seguiria a determinação
não aceitava a contra-

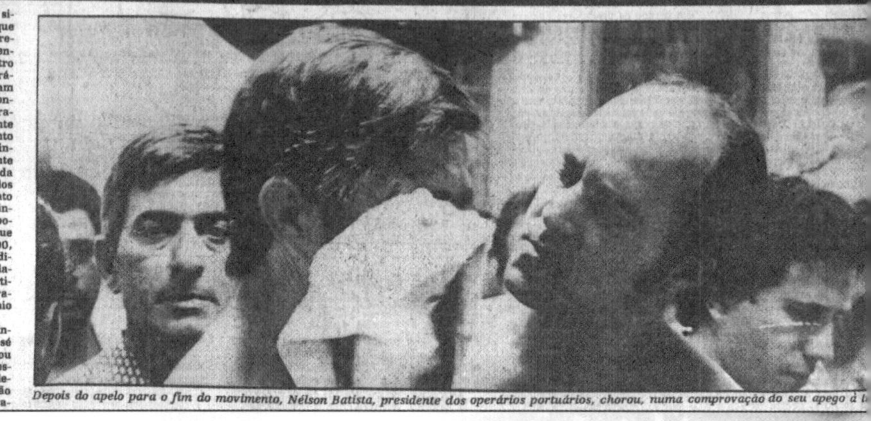

Depois do apelo para o fim do movimento, Nélson Batista, presidente dos operários portuários, chorou, numa comprovação do seu apego à

A greve acabou, impõe Arlindo.
Bacurau: lava as mãos.
Fotos: acervo SEASPS/SINDAPORT.

Capítulo

19

Sexta-feira, 21 de março: A operação desmanche da greve

O dia começou tenso entre os trabalhadores. O julgamento da greve no dia anterior havia alterado o humor dos grevistas. Pairava sobre suas cabeças a possibilidade de demissões, a intervenção nos sindicatos e um acordo em piores condições do que o oferecido pela própria CDS. Na verdade, os trabalhadores, a custa de muita indignação, estavam tomando aulas práticas de política. A conscientização política avançava na medida em que os fuzileiros navais e a PM ocupavam o porto e sua região, a Companhia Docas endurecia nas negociações e ficava sabendo das injustas manobras daquele que deveria ser o tribunal para a justiça no trabalho.

O dia também foi ficando tenso do outro lado. Os membros do governo e o aparato repressivo, entre eles, o capitão dos portos, sabiam que a raiva crescia entre os trabalhadores e era preciso resolver logo a greve antes que eles radicalizassem ainda mais, atropelassem seus dirigentes e estes perdessem o controle da situação.

A direção da Docas viu a oportunidade para tirar proveito da situação. Já que o julgado era inferior ao oferecido na quarta-feira, que prevalecesse o julgado, diziam. "Agora não tem mais diálogo. A Justiça já decidiu e eu vou segui-la",[1] foram as palavras de José M. Berenguer.

Os dirigentes sindicais já falavam abertamente que a greve deveria acabar. O medo da intervenção e da perda dos aparatos sindicais falava muito mais forte do que suas disposições para a luta.

Só restava naquele momento a força, a disposição e a vontade de vencer por parte dos trabalhadores. Nos "sindicatos, os operários seguiam pintando cartazes exigindo seus CR$ 3.300,00 e discutindo os rumos da continuidade do movimento."[2]

A proposta do TRT indignou a todos. Até mesmo Arlindo Borges, que se autodenominou Comandante da Greve, comentou: "foi uma proposta ridícula e só serviu para dar mais raiva no trabalhador. Em termos reais de dinheiro, o aumento oferecido não vai além de CR$ 1.400,00, o que não significa nem 50% do que a categoria vem pleiteando. Diziam que não haveria penalidades aos grevistas, mas a CDS propôs que se descontasse os dias parados. Isso é uma punição ao trabalhador. Ou não é?"[3] Indignado, Arlindo Borges poderia escolher dois caminhos. Um seria apoiar-se nos trabalhadores em greve e manter o movimento. O outro seria desconsiderar os trabalhadores e apoiar-se nos mesmos militares que haviam colocado os fuzileiros navais e a PM para intimidar e reprimir os trabalhadores.

A reunião que determinou o fim da greve:

Arlindo e todos os quatro presidentes de sindicato foram negociar às 8h30 da manhã com a CDS. Lá foram informados que a empresa abdicava da proposta apresentada na quarta-feira e insistia no julgado pelo TRT. Pressionados pela intransigência da Companhia Docas e sem margem de negociação, os "comandantes da greve" foram procurar o

---

1 *A Tribuna* (Santos), 22 de março de 1980, p. 32.
2 Arquivo pessoal e anotações de Dirlei "Zeca" Leme da Fonseca.
3 *Cidade de Santos*, 21 de março de 1980, p. 32.

capitão dos portos. Este, através de um telefonema ao ministro do Trabalho Murilo Macedo, foi autorizado a interceder junto à CDS.

A situação não permitia vacilações e erros. Os trabalhadores tinham perdido a alegria, já não havia rodas de samba, nem as brincadeiras dos dias anteriores. Aqueles trabalhadores, em poucos dias, "tinham aprendido a dizer: não!", como diria o poeta.[4] O governo sabia disso e o próprio presidente Figueiredo dava declarações de que a greve deveria ter uma solução imediata.

Os dirigentes sindicais reuniram-se com o capitão dos portos a portas fechadas. Sem imprensa, sem testemunhas e em poucos minutos todos se dirigiram para a Inspetoria Geral da CDS. A reunião entre os diretores da Docas, a Capitania dos Portos e os dirigentes sindicais foi longa. Depois de seis horas a portas fechadas, o que denota que foi uma reunião dura e tensa, a empresa aceitara assinar um acordo com base na proposta apresentada na quarta-feira. E, então, nessa reunião foi decretado o final da greve. Restava agora convencer os trabalhadores.

A operação desmonte da primeira greve portuária em 16 anos

Os patrões, o governo e os dirigentes dos sindicatos tinham concordado com o final da greve. Mas os trabalhadores não pensavam assim. Seria necessário fazer uma série de manobras para acabar com o movimento grevista.

O primeiro passo veio do prefeito nomeado, Paulo Gomes Barbosa, que não autorizou a utilização do Ginásio Antonio Guenaga para a realização da assembleia conjunta. As assembleias seriam nos respectivos sindicatos e as categorias discutiriam separadamente a continuidade ou não do movimento. Havia alternativas para a realização da assembleia conjunta, mas os interessados no final da greve tinham a certeza de que, se assim o fizessem, os trabalhadores votariam pela continuidade do movimento.

---

[4] http://bibliotecaprt21.wordpress.com/2012/06/16/poesia-o-operario-em-construcao-vinicius-de-moraes/

O segundo golpe viria dos presidentes dos sindicatos e suas respectivas diretorias. Era preciso manobrar e manobraram. Vejamos o trâmite passo a passo.

Os sindicatos decidiram que todas as assembleias começariam às 20 horas. José Dias Trigo, dos rodoviários, tentou manobrar e antecipar para as 16h30. Os trabalhadores rejeitaram a manobra que, na prática, significava uma segunda divisão das quatro categorias e impuseram o início para as 20 horas. Primeiro foi proposta a votação secreta "para que ninguém votasse coagido". Votariam "sim" para aceitar o acordo e voltar a trabalhar no outro dia e "não" pela continuidade da greve. A própria formulação já induzia ao final da greve. Os trabalhadores rodoviários trataram de defender a continuidade da greve e a assembleia foi ficando tensa e tumultuada. Às 21 horas, por aclamação, e com boa parte dos principais ativistas mais combativos se retirando da assembleia, foi aprovada ao volta ao trabalho.

As assembleias seguiam nos demais sindicatos. Na primeira votação da assembleia dos Operários Portuários, foi constatado um número de cédulas de votação maior do que filiados ao sindicato. A votação foi impugnada. Seria preciso votar de novo. Assim, os operários portuários, o setor mais combativo da greve, ia se desgastando.

Na Administração Portuária, 80 encarregados de navio e 150 fiéis de armazéns — setores melhor remunerados — declaravam que, independentemente do resultado da assembleia, voltariam a trabalhar no outro dia. Dos três mil trabalhadores representados pelo sindicato, mais de mil se negaram a votar. Outros mil participaram da votação rasgando ou escrevendo impropérios na cédula. Por fim, entre os poucos votos válidos — aproximadamente um terço — o resultado foi: 601 votos a favor da volta ao trabalho; 315 para a continuidade da greve e 28 em branco.

A última assembleia a terminar foi a dos motoristas de guindastes. Mas como as demais categorias já tinham votado pela volta ao trabalho, não restou alternativa aos guindasteiros senão também votar, ainda que indignados, pelo retorno ao trabalho.

Enquanto todas essas assembleias se desenvolviam, a burocracia sindical seguia realizando manobras e fraudes para pôr fim à greve. Primeiro encontraram mais votos do que o possível nas urnas. Depois a interminável discussão do sucedido. E, assim, o tempo ia passando.

Nelson Batista, o Bacurau, presidente do Sindicato dos Operários Portuários, chorava com um talento teatral, segundo a revista Veja,[5] ao comentar que havia recebido um telefonema informando que as outras três categorias haviam votado pelo retorno ao trabalho. Em alto e bom som, declarou: "olha garotada, vamos tirar o time de campo de cabeça erguida".[6]

Vários atores que participaram direta ou indiretamente da greve afirmam que Bacurau mentiu. As assembleias não haviam terminado.

> *Bacurau usou de vários expedientes para terminar a greve. Um foi a colocação de mais votos na urna e desmoralizar a votação secreta. O outro foi a protelação da discussão impacientando os trabalhadores e destruindo o clima de concórdia que havia entre nós. O terceiro foi mentir que já haviam votado pelo fim da greve em outros sindicatos.*[7]
>
> *Bacurau havia decidido pelo fim da greve no dia anterior. A assembleia foi para consumar sua vontade.*[8]
>
> *Logo após o discurso de Nelson Batista, foi apurado que dos outros três sindicatos, apenas um, o dos motoristas, tinha aprovado em votação o fim da greve. O sindicato dos trabalhadores em administração estava ainda apurando os votos e os guindasteiros, que compõem outra categoria entre os portuários sequer havia acabado de votar.*[9]

---

[5] Revista *Veja*, 26 de março de 1980, p. 21.
[6] *Folha de S.Paulo*, 22 de março de 1980, p. 22.
[7] Entrevista de Lauro Inocêncio da Silva Sobrinho aos autores.
[8] Arquivo pessoal e anotações de Dirlei "Zeca" Leme da Fonseca.
[9] *Folha de S.Paulo*, 22 de março de 1980, p. 22.

Foto: Cidade de Santos, 22/03/1980.

Capítulo

20

A luz apagou, a festa acabou. E agora José?

Os dirigentes sindicais apagaram a greve. A festa das classes subalternas acabou-se. E agora José? Agora cada um deveria seguir seu caminho e destino. Vejamos como isso ocorreu.

A Companhia Docas de Santos seguiu existindo até o dia 7 de novembro daquele ano. Nesse dia, se completaria os 90 anos de contrato de concessão do porto de Santos e a Docas deixaria de ser propriedade da Família Guinle e passaria a ser a estatal Cia. Docas do Estado de São Paulo. Foram 90 anos sem pagar imposto predial, imposto de renda, imposto sobre serviços ou qualquer outro tipo de imposto. O Ato Complementar nº 74, de 1969, garantia uma remuneração de 10% sobre o capital investido. De tal sorte que, em 1978, as operações portuárias deram um prejuízo de CR$ 211,8 milhões e a Docas, mesmo assim, obteve um lucro líquido de CR$ 295,4 milhões. Noventa anos explorando os trabalhadores e a cidade. Um dos contratos mais espúrios herdados da época do Segundo Reinado.

Um dos herdeiros, Jorge Guinle, em seu livro de memórias, conta como durante 40 anos viveu como um playboy internacional promovendo festas com grandes atrizes de Hollywood e chefes de Estado. Já sexagenário, quando perguntado como levou a vida, respondeu sem melindres: "nós não fazíamos nada de 'produtivo'. Éramos uns inúteis. Mas como éramos divertidos".[1] "O que nos distinguia era que nunca havíamos trabalhado um dia sequer na vida."[2]

Capa do livro *Um Século de Boa Vida*, de Jorge Guinle. *Foto: Julio Portellada.*

O governo militar, embora inicialmente tenha se desgastado com a intervenção dos fuzileiros navais, sendo solenemente vaiados em assembleia, conseguiu elevar o capitão de mar e guerra Antônio Eduardo Cezar de Andrade à condição de negociador e ser considerado por parte da imprensa da época como o grande artífice da negociação.

Os dirigentes sindicais fizeram teatro, manobraram. Os dirigentes da Federação e da Confederação saíram queimados da greve. Os dirigentes sindicais do porto conseguiram sair relativamente ilesos. Trigo foi reeleito para mais um mandato, com fraude, é verdade; Germano

---

[1] GUINLE, Jorge. *Um século de boa vida*. Rio de Janeiro: Editora Globo, 1997, p. 280.
[2] Idem, p. 281.

deixou a direção do sindicato dos guindasteiros; e Gonçalves Filho ainda jogaria mais um lance no mês de outubro com a demissão de Nobel Soares.

Bacurau, dirigente da principal categoria, conseguiu um feito inédito e inusitado. Segundo o jornal *A Tribuna*, "apurou-se que perto de 2.800 votaram pela sequência da greve e apenas 600 demonstraram pelo voto a intenção de voltar ao trabalho".[3]

Eraldo Franzese, advogado e arenista (do partido da ditadura militar), afirmou:

> *O presidente Nelson Batista, tendo conhecimento que as demais categorias estavam dispostas a voltar ao trabalho, assumiu inteira responsabilidade pela volta também de sua categoria [...] mesmo contrariando a deliberação da assembleia, agiu com cabeça fria e bom senso, visto que o retorno dos demais, real e efetivamente, significava o término da greve.*[4]

Os trabalhadores estavam injuriados com a volta ao trabalho. Sabiam de sua força e organização e voltaram aceitando valores bem abaixo do reivindicado. Havia, entre a maioria dos trabalhadores, o sentimento de que tinham sido traídos.

> *Traição. Foi com esse sentimento que os portuários santistas voltaram ontem ao trabalho e todas as críticas convergiram para o mesmo alvo: a diretoria dos sindicatos. Através de expedientes bem coordenados, os dirigentes sindicais conseguiram o que antes parecia impossível, o fim da greve.*[5]

---

[3] *A Tribuna*, 24 de março de 1980, p. 8.
[4] Idem.
[5] *O Estado de S.Paulo*, 23 de março de 1980, p. 55.

A dura vida dos exploradores da classe trabalhadora

"O *playboy* era como uma lenda, glorioso, terrivelmente espirituoso, elegante, chique, amante dos esportes, do baralho e da arte de amar — e macho até os ossos. Em geral era latino, marajá da Índia, nobre europeu ou americano de boa família. Penetrava com facilidade na sociedade endinheirada de gente ansiosa por diversão, disposta a aceitar qualquer pessoa animada sem perguntar muito sobre seus antecedentes morais ou financeiros... A ala latina: muitos *playboys* vinham da América do Sul, entre eles, o brasileiro Jorginho Guinle".[6]

---

[6] LILLY, Doris. Avenue Nova York, agosto de 1990. *In* GUINLE, Jorge. *Um século de boa-vida*. Rio de Janeiro: Editora Globo, 1997, pp. 280-281.

Guilherme Guinle, ao centro, de chapéu, em 1949 – *acervo SEASPS/SINDAPORT.*

VITORIOSOS, APE

Foto: Cidade de Santos, 22/03/1980.

de Pro-
os salá-
ido que
os tra-
os do
ção aos
ido em
passam
ade da

i rejei-
ores na
njunta,
indica-
uários,
ado um
a uma
ível ao
de au-
ela pri-
cidiu-se
nsigên-
rios es-
ade de
n de te-
ata de
cipação
adores.

5 dias,
ém da
a dos
er sido
esa pa-
lariais
e os úl-

AR DOS LÍDERES

Capítulo 21

Três balanços sobre a greve

À essa altura do texto, você, leitor, já deve estar fazendo um balanço sobre a greve; concluindo sobre o papel do governo, da Companhia Docas de Santos, dos dirigentes sindicais, tanto os da Federação e Confederação, como os dos quatro sindicatos. É muito importante que você faça esse balanço e tire suas conclusões. Dos erros e acertos do passado dependerão as futuras lutas.

A seguir, incluímos três balanços feitos imediatamente após a greve. O primeiro é assinado pelo jornalista José Roberto Pasqualini, do jornal *Cidade de Santos*, à época um observador atento do movimento sindical.

Os outros dois são de Benê Furtado e Nobel Soares de Oliveira. Ambos, como já dissemos, eram do sindicato da Administração Portuária. O primeiro exercia mandato sindical e o outro havia disputado e perdido as eleições havia um ano e meio. Portanto, eram duas opiniões muito importantes. Eles tiveram um papel de destaque na paralização. Porém, mesmo influenciando a greve, não chegaram a determinar seus rumos e, especialmente, o seu desfecho.

Primeiro balanço

"Portuários vitoriosos, apesar dos líderes."[1]

José Roberto Pasqualini

A inexperiência de algumas lideranças sindicais e o peleguismo puro e simples de outras por pouco não transformaram em humilhante derrota o mais unânime e organizado movimento grevista ocorrido no Brasil nos últimos anos. A falta de habilidade na orientação das suas categorias, ou mesmo em obter a confiança por parte das outras classes da Unidade Portuária, levou as lideranças a dividir os trabalhadores por sindicato, como única forma de conseguir a aprovação do fim da greve.

Em consequência dessa atitude, ao final das assembleias em todos os quatro sindicatos de portuários, na noite de sexta-feira, multiplicavam-se os desentendimentos entre os trabalhadores e as ofensas contra as diretorias, colocando em jogo toda a solidariedade consolidada nas reuniões conjuntas da Unidade Portuária. Esse desfecho, no entanto, não pôde superar o que foi conquistado na prática pelos portuários santistas nas semanas que antecederam a greve e nos cinco dias de paralisação do porto.

Vitórias

A primeira vitória, reconhecida pelos próprios trabalhadores, foi a união das quatro categorias em que estão enquadrados os empregados da Companhia Docas de Santos, o que possibilitou uma tomada de posição conjunta de todos os empregados com um objetivo comum: aumento salarial. E foi a reivindicação econômica, devidamente reforçada por 16 anos de arrocho salarial e uma política econômica contrária aos interesses das classes assalariadas, que reforçou o ímpeto grevista responsável, por sua vez, pela criação das condições para os sindicatos negociarem com algum poder de barganha.

---

1 *Cidade de Santos*, 23 de março de 1980, p. 18.

A segunda vitória, esta ressaltada várias vezes pelas lideranças sindicais, foi o recuo significativo da CDS ao dispor-se a negociar, mesmo depois de ter-se adiantado ao dissídio coletivo e concedido 3% a título de produtividade, mais a incorporação da Gratificação Individual de Produtividade - GIP, aos salários. Deve ser lembrado que a GIP é paga a todos os trabalhadores portuários do país e a sua incorporação aos salários vem ocorrendo em todos os portos que passam para a responsabilidade da Portobrás.

Como a proposta foi rejeitada pelos trabalhadores na primeira reunião conjunta, realizada na sede do Sindicato dos Operários Portuários, no último dia 2, foi fixado um prazo de 15 dias para uma contraproposta aceitável ao pedido de CR$ 3.300,00 de aumento salarial. Naquela primeira reunião conjunta decidiu-se que, em caso de intransigência da CDS, os portuários estudariam a possibilidade de entrar em greve, além de terem feito uma passeata de protesto com a participação de quase 2 mil trabalhadores.

Nesse intervalo de 15 dias, a terceira vitória. Além da empresa concessionária dos serviços portuários ter sido obrigada a sentar-se à mesa para discutir questões salariais — o que não fez durante os últimos 16 anos —, até mesmo funcionários graduados do Executivo Federal passaram a acompanhar as negociações, inclusive os ministros do Trabalho, Transporte e Planejamento.

Ao final do prazo, nenhuma proposta, apenas um pedido de ampliação do prazo e adiamento da assembleia conjunta marcada para o dia 16, no Ginásio Municipal Antônio Guenaga. Os trabalhadores, que durante todo esse tempo já se preparavam para uma possível greve, não atenderam a solicitação, realizando a reunião e decretando a paralisação dos serviços a partir da zero hora de segunda-feira, dia 17.

Sem piquete

Na manhã desse dia, a quarta conquista importante: o porto parou sem a necessidade de um só piquete, sem confrontos com as forças de segurança e com uma unidade entre os grevistas poucas vezes observada em outros movimentos semelhantes.

A consequência imediata da deflagração da greve foi a negativa do ministro do Trabalho, Murilo Macedo, em negociar com os grevistas, suspendendo todas as reuniões com os sindicalistas que estavam em Brasília.

Entretanto, até mesmo o ministro foi obrigado a mudar de tática tendo em vista a força e a ordem do movimento paredista dos portuários. Com os prejuízos elevados pela interrupção do embarque e desembarque de mercadorias — a maior parte das exportações brasileiras — o Governo Federal, através do presidente João Batista Figueiredo, determinou o reinício das negociações, marcando mais um avanço dos empregados da CDS na sua luta por melhores salários.

Na noite seguinte, uma proposta de acordo coletivo de trabalho era apresentada a mais de sete mil trabalhadores reunidos no Ginásio Municipal, incluindo concessões como a garantia de não punição aos grevistas, realização de convenção coletiva, aumento do adicional noturno e uma proposta de reajuste da GIP, que passaria a ser de CR$ 2 mil. Isso significava um aumento real de apenas CR$ 1.147,57, muito distante dos CR$ 3.300,00 reivindicados pelos portuários, além de não incidir sobre os salários e sim sobre a GIP.

Greve continuou

A decisão foi de manter a greve e, no dia seguinte, o dissídio coletivo em andamento no Tribunal Regional do Trabalho fixava uma nova cifra para aumento a título de produtividade, desta vez incorporada aos salários, além de decretar a ilegalidade do movimento. A partir daí, as lideranças sindicais, e mesmo os que surgiram naturalmente entre os trabalhadores, concluíram que a greve teria chegado ao seu ponto máximo, ou seja, não seria mais possível avançar no sentido de se conseguir um acordo melhor.

Mesmo assim, uma nova vitória do movimento, pois a CDS ampliou a sua proposta de reajuste mesmo depois de conhecer o resultado do dissídio, oferecendo 6,6% sobre a folha de pagamento, o que resultará em CR$ 1.700,00 para cada empregado, levando-se em conta os adicionais pagos normalmente e as horas-extras.

O resultado final da greve, considerando a inabilidade de algumas lideranças no sentido de tornar clara a vitória para a maioria dos trabalhadores, levando o seu ânimo para futuras campanhas, revelou a capacidade dos portuários em participar ativamente da vida econômica do país. A nova lei de política salarial foi desafiada e sofreu seu primeiro grande teste, o mesmo ocorrendo com a política desenvolvida pelo governo no campo institucional.

Não houve tumultos, demonstrações de indisciplina ou agitação social; não houve intervenções nos sindicatos e não existiram argumentos, hoje, que possam tirar dos trabalhadores os méritos de uma vitória tanto política quanto econômica.

Benê Furtado

Foto: Acervo SEASPS/ SINDAPORT

Segundo Balanço

"Benê Furtado"[2]

Angela F. Duarte

Benedito Furtado, secretário do Sindicato dos Empregados na Administração Portuária, jornalista e estudante, homem de importância fundamental no movimento grevista. Seu trabalho foi de organização junto à base. Organizando e pre-

---

[2] Ângela F. Duarte. *Preto no Branco*, março/1980, p. 9.

parando os trabalhadores no período que precedeu a greve através de reuniões setoriais no seu sindicato, fez todo um trabalho junto à categoria no sentido de que se fizesse uma greve de consciência sem piquetes, organizada ao máximo.

"A coisa toda começou no dia 10 de março, quando houve uma reunião entre as diretorias dos sindicatos, pois o Arno Markus, da Portobrás, havia determinado que a Cia. Docas deveria discutir a produtividade com a gente. Oficiamos à CDS, então, pedindo uma resposta a esta questão, com prazo até o dia 23. Não podíamos abrir a segunda reunião de diretorias aos trabalhadores porque teríamos a resposta no dia anterior e nenhum tempo para passar papéis e fazer um trabalho de conscientização sobre o problema. No dia 21, a Docas nos chamou para dizer que a Portobrás incorporaria a GIP ao salário e daria mais 3% de produtividade, e que isso era o que viria. Minha proposta era que se fizesse uma carta de repúdio, e chamar uma reunião das categorias. A proposta, inclusive, também foi defendida pelo Trigo. A reunião do dia 24 foi feita à noite e acabou além das 23 horas, e às 3 da manhã o Berenguer já sabia o que se conversava: alguém havia nos entregado. Marcamos a reunião para o dia 2 e resolvemos chamar a intervir também a Federação e a Confederação. Antes da reunião, falei com o Walter Menezes que acabou ficando 4 horas no gabinete do Berenguer e o máximo que conseguiu foi fazê-lo transformar a decisão — que era uma decisão e apenas isso — numa proposta.

Na assembleia ocorreu aquilo que todos sabemos. Saiu a reivindicação dos 3.300 e o prazo de quinze dias se esgotaria dia 16. Na segunda-feira (a assembleia havia sido realizada no domingo) eu ainda não acreditava na greve e defendi que deveríamos fazer um movimento de opinião pública através de visitas a todas as autoridades da Baixada, avisando sobre a iminência da greve. Reconheci neste dia que a passeata de domingo havia sido um sucesso, embora estivesse contra no dia e sempre. Não defendo passeatas porque acho que o trabalhador não precisa ir para a rua, pois é só parar as máquinas. O Nobel foi contra os encontros com as autoridades porque não entendeu o que aquilo significava em termos de opinião pública.

Na reunião da sexta-feira, a primeira da avaliação, dia 7, o pessoal me parecia verde e pouco ciente de que poderíamos desembocar numa greve. Por isso defendi a proposta das reuniões setoriais, por sindicato, em dois turnos, para se preparar o movimento. Falei em todas as assembleias e meu assunto sempre foi a greve, em todas elas, e os trabalhadores se manifestaram claramente pela greve de consciência, sem piquetes. Eu dizia que a greve era ilegal, mas que se todos estivessem juntos, ia correr tudo bem. O Nobel era contra dizer sobre a ilegalidade, mas eu não ia enganar nenhum trabalhador.

Na última reunião setorial, nos operários, na sexta-feira, quase no fim da noite, liga o Walter Menezes de Brasília, e diz que o governo pedia mais 24 horas. Fui para a assembleia e falei isso. Tomei uma vaia dos diabos, porque o pessoal entendeu que eu estava defendendo uma proposta de dar mais 24 horas de prazo. Liguei de volta para Brasília dizendo que nada feito, pelo menos ali nos operários. No sábado decidi não defender a proposta de adiamento, embora eu considerasse uma boa alternativa. Não para fechar o negócio, mas tinha certeza de que se o prazo fosse dado iríamos apenas desmascarar o governo, porque não viria proposta alguma. No sábado minha posição era de que se os trabalhadores não confiavam no governo para dar-lhes um prazo, estavam certos. Eu não acredito em líderes, nem heróis, achei naquela assembleia que meu trabalho junto a categoria estava terminado. Iria para o meu sindicato e me fixaria no trabalho de organização apenas.

Deflagrada a greve, ocorreu tudo relativamente bem na segunda-feira até a noite, quando deixamos passar uma proposta errada do Arlindo, de que todo mundo deveria ir para casa e só retornar no dia seguinte, às 9 horas. Eu mesmo estava bem do lado dele quando fez isso e não atinei sobre a bobagem que se tratava. Quando caí em mim, estava em casa, jantando.

Corri de volta ao sindicato e quando cheguei já havia companheiros chamando gente pelo telefone. Havia o risco de intervenção ou de invasão policial e, se ninguém ficasse no sindicato, era um perigo. Corri para os motoristas e o Nobel estava lá discutindo com o Trigo e o Arlindo. Acertamos a situação por lá. Fui até os guindasteiros e consegui falar pro pessoal que não dava para sair do sindicato. O Nobel havia ido para os operários fazer a mesma coisa e houve um problema lá com o Bacurau e o Arlindo. Na manhã do outro dia, propus a reformulação do comando de greve, deixando o Arlindo na cabeça — ele nos interessava por ser da Federação, dificultando que se abatesse a repressão sobre os trabalhadores sem seu próprio órgão, quer dizer, ficava mais difícil — mais os quatro presidentes dos sindicatos e 16 trabalhadores de base, formando um colegiado de 21 pessoas. Os trabalhadores foram escolhidos em reuniões de cada diretoria e apresentados à assembleia de cada um dos sindicatos.

Na administração, o Nobel não havia sido incluído na reunião de diretoria — nem adiantaria apresentar seu nome que seria proposta derrotada — mas o plenário pediu sua inclusão e assim foi feito. Quando as diretorias não estavam mais no comando, começaram as divergências. As diretorias não acreditavam nas categorias até o momento da greve. Então, surgiram problemas de direcionamento paralelo. Na madrugada da quinta-feira ocorre uma reunião ultraviolenta no sindicato dos operários portuários. Houve briga entre o comando e os dirigentes. Nesta ocasião, o capitão dos portos chamava os presidentes: o trabalho teria de iniciar na sexta-feira. Deveria ser aceita a proposta — ficaram apavorados. Houve uma divergência entre o comando de greve e as diretorias. As diretorias queriam que fosse aceita a proposta. Foi marcada para o meio-dia uma reunião no sindicato dos operários portuários. Eu conversei com o Gonçalves pedindo que ele não tentasse induzir os trabalhadores, que ele deixasse a massa se manifestar. As categorias deveriam reunir-se separadamente. A reunião dos operários seria às 16 horas, a da administração às 18 horas, no Guindasteiros às

20 e, às 22 horas, nos Condutores. A ideia era saber o resultado de uma e passar para a outra. O capitão dos portos já não permitia reuniões conjuntas e o ginásio não seria cedido. Os presidentes eram favoráveis a reuniões no mesmo local e ao voto secreto. À noite, na administração, eu disse o seguinte: nós estamos juntos e vamos juntos, vou com vocês até a morte. Quero dizer aqui que não sou favorável ao voto secreto e nem à separação das assembleias. Como já está decidido, analisem com consciência cada um e voltem, de cabeça erguida. A Companhia Docas sentou-se à mesa; paramos cinco dias; fizemos um ministro de Estado recuar; conseguimos mais do que a Companhia havia proposto. Se vocês partirem para o movimento, vamos juntos. O grande desastre foi no meu sindicato. Os fiéis de armazém que fizeram a primeira greve na vida, disseram na reunião que a partir do dia seguinte, sábado, voltariam a trabalhar. Voltaram ao trabalho os fiéis de armazém e os encarregados também. O Trigo fez uma manobra em seu sindicato para acabar com a greve, antecipando sua reunião (que estava marcada para as 22 horas) para as 16h30. Tivemos uma conversa, eu e o Nobel e o comando de greve. E nessa conversa o Nobel diz que a categoria está dividida. Chegamos à conclusão de que a proposta deveria ser defendida. Depois fiquei sabendo que o capitão dos portos disse que cederia o ginásio se fosse decidido que o pessoal voltaria ao trabalho, no sábado, ou seja, o final da greve.

A categoria voltou ao trabalho de cabeça baixa, mas houve uma vitória de fato. É preciso que se diga às categorias que houve uma vitória de fato. As categorias já sabem as diretorias que têm. Sabemos também da importância da organização no movimento grevista. Um sindicato só no porto, a Unidade Portuária é de grande importância. Este é o trabalho a ser feito. Apesar do final dramático, foi uma grande vitória: quebramos um tabu gigante, agora o portuário pode acreditar nele."

Terceiro Balanço

"Nobel Soares"[3]

Carlos Mauri Alexandrino
José Roberto Pasqualini

Nobel Soares
Foto: Acervo SEASPS/ SINDAPORT

Nobel Soares de Oliveira, da base do Sindicato dos Empregados da Administração Portuária, estudante de Direito, membro da Comissão Executiva do PT em Santos, foi figura de destaque durante a greve e teve importância na condução do movimento. Apesar de ter desempenhado seu papel nos dias que antecederam, foi durante a paralisação que surgiu como liderança, integrando o Comando Geral de Greve.

"A categoria saiu desta greve com ânimo muito alto e ela foi vitoriosa apesar de não terem sido atendidas as reivindicações em sua totalidade. A greve forçou o governo a negociar com operários grevistas, que era um ponto de honra para nós. Acertamos a Convenção Coletiva de Trabalho num prazo de 90 dias e foi derrubado o índice de 3% de produtividade estabelecido pelo governo. A categoria também teve conhecimento de um ponto bastante desagradável, a atitude pelega das quatro diretorias dos sindicatos. Isso fez com que durante as assembleias houvesse manifestações contra as diretorias. Houve uma tentativa de desmoralizar a classe operária através da

---

[3] Carlos Mauri Alexandrino e José Roberto Pasqualini. *Preto no Branco*, março/1980, p. 7.

destruição da Unidade Portuária, a nível da cúpula. Vou contar do começo da Campanha Salarial. Vejam só! Fui convidado pelo Trigo, que havia dito no ano passado que mesmo com abaixo-assinado só daria assembleia se nós fossemos à Justiça, para discutir o encaminhamento da questão da produtividade. O Trigo estava interessado na eleição, mas concordamos que poderiam ser realizadas reuniões entre diretorias abertas aos trabalhadores e a isso deu-se o nome de Unidade Portuária. A primeira reunião era para ser realizada dia 24 de fevereiro, mas como as diretorias não acreditavam nas categorias — afirmavam que o pessoal não iria e tal; o Bacurau, por exemplo, havia faltado em 3 das 4 reuniões de diretoria, na terceira vez, com a justificativa que iria almoçar — e acabou sendo, apenas uma reunião entre diretorias e marcada a reunião aberta para o dia 2. As bases ajudaram porque estavam pressionando as diretorias também.

Nesta assembleia saiu a proposta dos CR$ 3.300,00 e o prazo de 15 dias para o governo e a forma de organização para a greve, através de reuniões setoriais. Nos dias 11, 12, 13 e 14, foram feitas as assembleias por sindicato e, no dia 15, a reunião geral de avaliação, quando foi derrotado o pedido do governo e ficou claro que no dia seguinte haveria greve. Não deu outra coisa. A proposta era de não serem feitos piquetes, mas sentíamos a necessidade de fazê-los e foi bom isso: a paralisação dos fiéis era importantíssima; a dos quase 160 que existem, apenas pouco mais de 40 foram direto para o sindicato. O resto parou nos piquetes. Houve o caso de um companheiro escriturário que trabalhava havia apenas quatro dias que nós seguramos e apareceu o pai dele, um chefe da Companhia, que fez um negócio com a gente: o filho entraria e ele, em compensação, entraria em greve.

Na noite daquele dia (segunda) o Arlindo (Arlindo Borges, secretário da Federação) mandou todo mundo para casa, para descansar, que ele dizia que não queria soldados cansados, e voltar somente às 9 horas de terça. Deixar o sindicato vazio era um perigo desgraçado. Ele dizia assim: eu sou o comandante e vocês soldados obedecem ordens de comandantes. Quando cheguei no meu sindicato (Administração) me apavorei e falei para o pessoal pegar as fichas e chamar todo mundo de volta por telefone. O Arlindo estava desativando os sindicatos um a um, um absurdo.

Ele já tinha passado nos operários e no meu sindicato. Corri para os Motoristas e o encontrei lá, dizendo a mesma coisa, do cansaço e tal. Ele não me deu a palavra e eu fiquei lá fazendo sinal negativo prá todo mundo. O Trigo, então, quando Arlindo saiu, desligou o microfone e disse que a ordem estava dada e acabou. Acabou sendo obrigado a religá-lo. Quando cheguei nos Operários, a rua estava lotada, os bares, um quadro muito triste para qualquer grevista. Cerca de 100 companheiros no auditório. Comecei a gritar na rua e todo mundo foi subindo quando eu disse que tinha uma comunicação importante a fazer. Falei aos companheiros que o comandante Arlindo era um traidor. O Arlindo ficou sabendo e foi até lá correndo tentando me espinafrar e quase foi agredido pelos trabalhadores. Aliás, ali ele só foi ouvido porque eu mesmo pedi para que ele falasse. Disse que realmente havia sido cometido um erro, mas que ele não era traidor e que a proposta do pessoal ir para casa foi das diretorias que eram seus auxiliares. Aí apareceu o Bacurau.

Entrou dizendo que a casa era dele e ali era ele quem mandava, que não era traidor. Estava muito brabo. Mas o pessoal quis que eu continuasse falando. Aí foi embora. Dia seguinte, já terça-feira, o comando foi modificado e deveria ser formado pelo Arlindo, os 4 presidentes e mais 16 trabalhadores da base, 4 por sindicato. No meu não haviam me incluído, mas a assembleia exigiu que eu estivesse nele. Bem, apareceu um ofício dos presidentes, delegando poderes totais ao comando de greve e se excluindo de tudo. Teve assembleia à noite que não resolveu nada porque não havia uma proposta ainda, mas que foi boa. Eu defendia que tivesse assembleia todo dia, porque cada categoria no seu sindicato fica muito desligada.

Na quarta, antes da assembleia, o Romulo (Romulo de Souza, presidente da Confederação) me disse que haviam voltado sem nada, que a proposta era uma merda. Tivemos uma reunião pouco antes da assembleia e o José Dias Trigo me disse que eu teria de defender a proposta, porque se a greve continuasse, o pau ia comer. Disse que aquilo era indefensável. Foi a mesma resposta que dei ao Gonçalves, que veio perto de mim e disse que, ou parávamos a greve ou estaríamos mal, porque as coisas estavam feias. A greve acabou mantida por unanimidade e ninguém das diretorias teve coragem de defender uma proposta de retornar ao trabalho. Após a assembleia, o Arlindo, bem como o Romulo, disseram que nada mais havia a fazer em Brasília, mas, mesmo assim, reuniram-se os presidentes e decidiram que eu deveria ir a Brasília para negociar com o governo. Mas eu tinha de submeter a proposta ao comando dos 16, que recusou e achou melhor que eu ficasse. Voaram Romulo e Walter (Walter Menezes, presidente da Federação) para não mais voltar.

Ligaram de Brasília e lavaram as mãos na noite de quinta. Disseram que não havia nova proposta e que não retornariam a Santos. Aí já não havia mais garantia alguma e o Arlindo afirmou que o capitão dos portos não permitiria reuniões conjuntas. Os presidentes confirmaram. O comando, como já não confiava no Arlindo, resolveu sair à procura de um local alternativo. Dom David Picão, que havia prometido ceder uma igreja, recusou abrir o Coração de Maria para os grevistas. Discutimos por telefone. Na manhã de sexta-feira ainda não havíamos conseguido encontrar Dom Paulo Evaristo Arns. Dividimos o comando para os quatro sindicatos e eu entrei em contato com o Lula (até porque o comando havia desautorizado aquelas declarações do Romulo dizendo que não queria a ajuda do Lula, da qual a burguesia gostou muito) e pedi ajuda. Ele ligou para Dom Claudio Hummes que ligou para Dom David que mudou de ideia e até nos comunicou do apoio de Dom Paulo Evaristo Arns.

Ainda assim era muito pequena a igreja e não havia lugar maior, até que às 16 horas conseguimos gratuitamente o estádio do Jabaquara, na Caneleira. Já havia uma contraproposta da Docas a essa altura, embora a gente considerasse que já era o momento de acabar com a greve, a ordem era intervir nas assembleias para preservar a Unidade. Pedir para esperar, que o comando tentava articular outra reunião conjunta. Os companheiros informavam que seriam assembleias, por sindicato com voto secreto, e não sabíamos de onde viera essa ordem. Foi por isso que o Trigo pôde mudar a hora da assembleia e intimidar todo mundo. Uma categoria voltando, amoleceria as demais. Através de Dom David, consegui um encontro com o capitão dos portos para o comando de greve (ver box na página seguinte). Consegui, e disse que levaria dois jornalistas comigo. Foi o maior problema no meu sindicato, mas a assembleia parou para irmos ao capitão. Saí de lá com a autorização, mas nos sindicatos...

Acusei os diretores pela manobra e deu muita confusão. Uma cena triste. Corri para os guindasteiros porque não sabia que o Bacurau estava encerrando a greve com a informação de que as outras três categorias haviam voltado. Lá o capitão dos portos me chamou ao telefone:

— Nobel, a greve acabou. Todos voltaram, está tudo acabado.

Fiquei chorando lá."

A reunião que quase mudou tudo[4]

Quando o comandante César de Andrade entrou na sala de reuniões da Capitania, cinco trabalhadores já estavam sentados à mesa. Cumprimentou um por um, perguntando seus nomes, e parou diante do que estava à cabeceira da mesa:

— Você deve ser o Nobel... Eu já o conheço bem.

— Nobel Soares de Oliveira — respondeu o portuário.

Com o capitão dos portos, mais três oficiais assistiram à reunião. A tensão é natural.

— Temos uma questão importante — disse Nobel — para esclarecer uma situação meio confusa. Disseram que o senhor proibiu as reuniões conjuntas que vinham sendo feitas.

— Eu não proibi nada.

— Então, quem colocou esse impedimento?

— No dia que o TRT decretou a ilegalidade da greve, tivemos uma reunião com os dirigentes sindicais. No final, o Arlindo (Borges Pereira, secretário da Federação dos portuários e autoproclamado "comandante da greve") colocou a questão da ilegalidade das reuniões conjuntas — o comandante chegou a retificar duas vezes esta afirmação, disse que a questão foi apresentada, inclusive, por todos e, afinal, "eu mesmo questionei a validade das reuniões e os advogados dos sindicatos (Marco Aurélio Milani e Eraldo Franzese) confirmaram a ilegalidade delas e das decisões por aclamação."

— Se é assim — disse Nobel — devemos esclarecer que até mesmo as assembleias que estão sendo realizadas hoje pelos sindicatos não têm valor legal, e nem mesmo as decisões por escrutínio secreto. Entre outras formalidades, seria preciso um edital de convocação, que não foi feito. Então não vemos o problema de ilegalidade ou legalidade como obstáculo. A reunião conjunta depende apenas da sua autorização e cessão de um local.

— Nem eu, nem o general, nem o prefeito, nem mesmo o Papa pode dar uma ordem dessas. Vocês têm que entender: o oferecido é o máximo que o governo tem para dar. Eu fico indignado é de vocês quererem misturar

[4] Carlos Mauri Alexandrino e José Roberto Pasqualini. *Preto no Branco*, março/1980, p. 7.

política nisso. Eu sei — pois tenho um serviço de informação à minha disposição — que você (Nobel) é integrante da executiva do PT e membro da Convergência Socialista. Respeito sua ideologia e acho que você deve lutar por ela, só não pode misturar com sindicato. Sua luta por melhores salários reconheço, pois também sou assalariado e ganho bem menos que um superintendente da Docas.

— Nossa luta agora não é política. Sou empregado da CDS há 13 anos e tenho quatro elogios em ficha. Consideram-me um bom empregado. Mas a preocupação é evitar que uma parte dos trabalhadores decida voltar enquanto outra mantém a greve, ficando sujeita à repressão e punições. Proponho-me a defender a volta ao trabalho na assembleia conjunta se for autorizada.

— Você me garante o fim da greve?

— Isso eu não posso, é a opinião de 12 mil.

— Então vá aos sindicatos agora, veja o ânimo do pessoal e me telefone. Se garantir que a greve acaba, autorizo a reunião e vejo se consigo o ginásio.

Demissão revolt

Foto: Cidade de Santos, 13/09/1980.

os portuários

Capítulo 22

11 de setembro de 1980: O acerto de contas

No dia 11 de setembro de 1980, três funcionários da Companhia Docas de Santos chegaram ao armazém XIX, onde Nobel Soares trabalhava. Debaixo do braço uma pasta, e dentro dela a demissão daquele que por 13 anos trabalhou pontualmente e recebeu quatro menções honrosas por seu desempenho como funcionário da Docas.

Onze de setembro é uma data de múltiplos fatos que se vinculam com a classe trabalhadora. Naquele dia se comemorava sete anos do golpe militar que derrubou e matou o presidente chileno, Salvador Allende.

Em um outro 11 de setembro, vinte e um anos mais tarde, outra tragédia envolveria a classe trabalhadora. As Torres Gêmeas, nos EUA, vieram abaixo, ocasionando a morte de quase três mil pessoas, incluindo os 227 civis e os 19 sequestradores a bordo dos aviões. As vitimas, incluíam cidadãos de mais de 70 países. Centenas de trabalhadores, que começavam a trabalhar na madrugada, a maioria da limpeza, morreram. Entre eles, uma grande quantidade era de imigrantes equatorianos.

Esses três fatídicos 11 de setembro provocaram tragédias pessoais. No caso chileno, a morte de Salvador Allende e 30 mil pessoas atingidas pela repressão na forma de prisões, torturas, exílios e desaparecimentos; Nos EUA, a morte de cerca de 3 mil pessoas; na Companhia Docas, a exclusão de um trabalhador de seu ambiente de trabalho e a perda do emprego no início da recessão dos anos 1980.

Porém, não foram apenas tragédias pessoais. Essas datas inauguraram também processos políticos muito importantes. No caso chileno, abriu-se uma ditadura militar responsável por prisões, assassinatos e desaparecimento de mais de 30 mil chilenos. Nos EUA, com a justificativa de caçar o responsável pelos ataques, Osama bin Laden, o governo invadiu o Afeganistão e depois o Iraque, causando a morte de milhares de pessoas e a destruição destes países.

No caso da demissão na Companhia Docas de Santos, significou a destruição da possibilidade do desenvolvimento de uma corrente sindical nos moldes da que surgiu entre os metalúrgicos do ABC, bancários, professores, entre outros, e que resultaria na fundação da CUT quatro anos depois.

Para a consumação da demissão de Nobel, houve uma série de interesses que confluíram de forma coordenada e ritmada, consubstanciando-se na atitude repressiva que levou à exoneração desse trabalhador. Vejamos quem participou deste jogo:

O governo militar de Figueiredo

Desde o início da greve, o governo e seus representantes temiam pela volta do "porto vermelho". Esse medo desmedido do governo tinha a ver com a longa história de lutas no porto, onde o velho Partido Comunista havia desempenhado um papel preponderante e visto o surgimento de sucessivos líderes operários. A politização do movimento grevista tirava o sono do capitão dos portos, Eduardo Cezar, a principal autoridade militar na área do porto. Ele almejava um: "movimento ordeiro, pacato, sem conotações políticas [...]".[1]

Já na primeira entrevista, durante a greve, advertia que elementos estranhos estavam dispostos a se infiltrar no movimento com outros objetivos. "Nós sabemos e eles sabem que nós sabemos [da infiltração]. Por isso, o comando de greve deve ficar atento [...]".[2]

Terminada a greve, a discussão sobre "infiltração" seguia. Murilo Macedo dizia: "foi uma greve pacífica, ordeira, mas tinha muita gente

---

1 *A Tribuna* (Santos), 18 de março de 1980, p. 6.
2 Idem.

querendo tirar partido. Felizmente, porém, não conseguiram".[3] Para o capitão dos portos, "os agitadores tentaram infiltrar-se no movimento. Tentaram de todos os modos, mas a própria classe os repudiou".[4]

A grande imprensa também dava importância ao que se convencionou chamar de infiltração do movimento. Para a revista *Veja*: "Os membros da Convergência Socialista foram impedidos de entrar nas assembleias. 'Betão', o mais conhecido dos integrantes santistas do Partido Comunista do Brasil, o PCdoB da tendência albanesa,[5] desistiu de seus esforços para participar da assembleia de quinta-feira[...]".[6]

De fato, havia um discurso para fora minimizando a infiltração, porém, para consumo interno, os informes eram outros:

> *Por ocasião da recente greve dos portuários de Santos constatou-se a infiltração de comunistas no movimento grevista, alguns estranhos à classe. É conveniente citar a atuação provocante de: Nobel Soares de Oliveira, Benedito Furtado de Andrade, Antônio Fernandes Neto, entre outros. Foi intensa a ação de elementos da Convergência Socialista nos acontecimentos da Baixada Santista, com farta distribuição de panfletos e jornalecos esquerdistas.*[7]

Há inúmeros relatos dos órgãos de informações sobre a preocupação quanto à volta do "porto vermelho". Mesmo depois de demitido, Nobel Soares continuou sendo monitorado e esse monitoramento foi ampliado para outros trabalhadores.

A Divisão de Segurança e Informações do Ministério dos Transportes, informando sobre a realização da assembleia no Sindicato dos Empregados da Administração de Santos, realizada no dia 3 de agosto

---

[3] *O Estado de S.Paulo*, 23 de março de 1980, p. 55.
[4] *A Tribuna* (Santos), 29 de março de 1980, p. 9.
[5] A revista *Veja* comete um sério erro: Roberto Tavares, o Betão, importante ativista político da Baixada Santista, era militante do MR-8 e não do PCdoB, como afirmou a reportagem.
[6] Revista *Veja*, 26 de março de 1980, p. 21.
[7] Arquivo Nacional no Distrito Federal – COREG – MT/DSI – infão nº 16 – 800407 – ACE 010252/80.

de 1980, finalizava afirmando: "Nobel Soares de Oliveira [...], como de costume, teceu severíssimas críticas ao governo e à sua política".[8]

A conformação de um bloco sindical de trabalhadores portuários depois da greve era também um elemento de enorme preocupação para o governo e para os patrões. Aparentemente, diversos órgãos repressivos atuavam controlando esses trabalhadores.

O Ministério dos Transportes, já desde a época do coronel Mario Andreazza, homem forte nos governos de Costa e Silva e Médici, tinha construído uma importante rede de informantes que estavam vinculados à Divisão de Segurança e Informações daquele ministério. Especificamente na Companhia Docas, tinha uma vasta rede a partir do Departamento de Vigilância. No lançamento público do Partido dos Trabalhadores, na Praça dos Andradas, no dia 28 de novembro de 1980, lá estava a Guarda Portuária verificando os presentes e o conteúdo das intervenções. Eram meio atabalhoados, como podemos ver no informe do Deops:

> *Segundo consta, agentes da guarda portuária prejudicaram o serviço de observação, uma vez que foram vistos gravando o discurso de Lula, aliás, objeto de alusão por parte do orador a polícia de um modo geral.*
>
> *Consta que os agentes se chamam Francisco de Paula Batista e Alaor da Silva Crisóstomo ou Crisóstomo da Silva, e que, inclusive, estariam armados.*[9]

O CENIMAR (Centro de Informações da Marinha) acompanhava passo a passo os trabalhadores e mostrava preocupação com o crescimento da participação nas reuniões: "Nestas reuniões, cujo compa-

---

[8] Arquivo Nacional no Distrito Federal – COREG – DSI/MT – infão 457, de 21/08/1980 – ACE 009820/80.
[9] Arquivo Histórico de Santos. Arquivo policial nº 11.178, p. 291 – pasta Partido dos Trabalhadores/Santos.

recimento inicial era de aproximadamente 50 pessoas, mas que vem evoluindo progressivamente[...]"[10]

O CISA (Serviço de Informações da Aeronáutica) também fazia seguimento a esses trabalhadores: "A essas reuniões têm comparecido uma média de 50 (cinquenta) pessoas[...]".[11] E ainda:

> *Cresce assustadoramente o número dos portuários de todas as categorias que vêm comparecendo às reuniões promovidas pela Convergência Socialista, cujo único objetivo é produzir novas lideranças que, sob sua égide, promoverão se possível, uma greve no porto de Santos.*[12]

Rapidamente, o conteúdo reivindicativo visto no processo grevista passou a um conteúdo mais organizativo com o objetivo de construir uma corrente ao estilo do futuro modelo cutista e alcançou voos mais políticos como podemos ler no informe da própria Presidência da República:

> *"Em 28/11/80, ocasião em que o PT foi lançado oficialmente em Santos, em ato público ocorrido na Praça dos Andradas, Nobel afirmou que a perseguição 'da ditadura' ao trabalhador brasileiro se apresenta sob duas formas: econômica e política. No aspecto econômico, por meio do arrocho salarial, desemprego, falta de alimentação básica. Sob o ponto de vista político, a perseguição caracterizava-se pela repressão às lideranças e dos movimentos paredistas."*[13]

---

[10] Arquivo Nacional no Distrito Federal – COREG – Centro de Informações da Marinha – Informação nº 0073 de 15/01/1981 ACE 14259/81.

[11] Arquivo Nacional no Distrito Federal – COREG – Ministério da Aeronáutica informe nº 332/A-2/IV COMAR – 801118 – CISA VAZ.026A.0065.

[12] Arquivo Nacional no Distrito Federal – COREG – Ministério da Aeronáutica inf nº 366/A-2/IV COMAR – CISA VAZ 30A.

[13] Arquivo Nacional no Distrito Federal – COREG – Presidência da República/SNI/ASP informação nº 1217/115/ASP/81 – ACE 7160/81.

"Governo quer truncar o crescimento do PT" é o título da longa matéria publicada pelo jornal *Cidade de Santos*. A matéria descreve o ato público pelo fim da Lei de Segurança Nacional realizado no Sindicato dos Petroleiros no dia anterior. Do texto, se conclui que há duas formas de truncar o crescimento do PT: uma seria pela aplicação da Lei de Segurança Nacional e a outra através das demissões dos ativistas do partido. "Assim, o único demitido da greve da Docas foi Nobel Soares — membro da executiva do PT, enquanto na campanha salarial da Cosipa somente Antônio Carlos Barreto (Tony) que trabalhava no setor de treinamento da Siderúrgica teve a mesma punição, pois é integrante da executiva do partido em Cubatão".[14]

As manobras dos patrões

No dia 7 de novembro se completariam os 90 anos de concessão da exploração portuária concedida à família Guinle. A partir desse momento, o porto começaria a ser gerido pela estatal Codesp. Os Guinle foram consequentes com sua classe, a burguesia, e trataram de eliminar os focos de resistência à exploração.

A demissão de Nobel se deu após a discussão sobre a criação da Portus, o fundo de pensão dos portuários. A proposta inicial apresentada para a criação da Portus informava que aqueles que tivessem salário acima de dez salários mínimos seriam aposentados com o seu salário integral. Era um escândalo, pois favorecia os maiores salários em detrimento dos salários menores.

A categoria que vinha de uma importante greve, com demonstração de força, seguramente não estava disposta a aceitar tal privilégio para os altos salários prejudicando os que ganhavam menos. Saulo Pires Viana, então vice-inspetor geral da Companhia Docas, organizou uma reunião e convocou diversas lideranças para discutir o projeto

---

[14] *Cidade de Santos*, 31 de março de 1980, p. 16.

Portus. A reunião foi tensa e talvez aí tenha sido iniciado o processo de exoneração.

Além do debate para o Portus, havia outro tema muito preocupante. Em outubro começaria a discussão do Contrato Coletivo de Trabalho. Durante anos a CDS não aceitou discutir o CCT, porém, na greve se conquistou esse direito. Mas, antes de começarem as negociações, era necessário eliminar os focos de tensão e começaram pela demissão de Nobel.

Segundo o pronunciamento na Assembleia Legislativa, por parte do deputado Rubens Lara:

> *[...] havia um plano da CDS para expurgar os empregados mais combativos na luta por seus direitos. A injustiça contra a classe operária tem sido uma constante nos últimos anos, devido a ação espúria deste governo antipopular, antidemocrático e antinacional".*[15] *E mais: "Na verdade, a demissão do trabalhador portuário faz parte de um plano da CDS na tentativa de expurgar todos aqueles que defendem os interesses da categoria [...]. Denunciamos mais esta arbitrariedade contra um trabalhador, pois se não barrarmos este tipo de atitude, é bem provável que a CDS desencadeie uma onda de demissões.*[16]

O então deputado federal Del Bosco Amaral afirmava que: "isso era só o começo do que pode vir por aí contra os trabalhadores".[17] Ao deputado, Sérgio da Costa Matte, Superintendente de Tráfego da CDS, em conversas informais dizia: "vamos entregar a nova empresa limpa de agitadores". Ainda segundo Del Bosco, Matte estaria convidando diversos empresários paulistas como Luís Eulálio Bueno Vidigal Filho e Antônio Manoel de Carvalho (ex-prefeito nomeado de Santos) para compor o Conselho Executivo da Codesp.

---

[15] *Cidade de Santos*, 14 de setembro de 1980, p. 14.
[16] Idem.
[17] Idem, p. 8.

A direção da Codesp que estava sendo desenhada por Matte contava com o convite feito a Luís Eulálio, de família de banqueiros (Banco Mercantil de São Paulo e Finasa) e industriais (Cobrasma e Braseixos), conhecido na época como "moleque fascistoide"[18] e ao ex-prefeito e homem de confiança da ditadura, Manoel de Carvalho. Afirmava Del Bosco:

> *O senhor Vidigal, em recente declaração à imprensa televisionada, afirmou categoricamente que é contrário à cogestão entre empregados e empregadores e chega a ser contrário também à redemocratização do país.*[19]

Ainda, segundo Del Bosco:

> *[...] se a dispensa do empregado não for anulada, e novas demissões ocorrerem, as providências dos trabalhadores e de suas lideranças devem ser imediatas porque o grupo de empresários radicais e não liberais vai arrancar o pelo que ainda resta nas costas dos trabalhadores.*[20]

E concluía:

> *[...] se os portuários estavam mal, estarão liquidados se os sindicatos não agirem à altura, principalmente em relação aos nomes que figurarão no primeiro escalão da nova companhia.*[21]

Obviamente, Matte desmentiu ao deputado, inclusive negando que estaria sendo cogitado para presidir a Codesp.[22] Porém, quinze dias depois, ou seja, no dia 1° de novembro, Sérgio da Costa Matte foi confirmado como presidente da Codesp, que adquiria o caráter de empresa

---

[18] GOMES SANTOS, Adriana; FERNANDES NETO, Antônio. *Organização de Base, formas experiências e atualidade*. São Paulo: Kenosis, 2013, p. 68.
[19] *Cidade de Santos*, 14 de setembro de 1980, p. 8.
[20] Idem.
[21] Idem.
[22] *Cidade de Santos*, 16 de setembro de 1980, p. 14.

mista, isto é, com capitais privados e estatais. Não é preciso dizer que o Estado aportaria o maior volume de capital.

Já não havia como negar as denúncias dos deputados Rubens Lara e Del Bosco Amaral de que a Companhia Docas de Santos estava fazendo o serviço sujo de demitir ativistas e, desse modo, entregar à Codesp uma empresa livre de "maus funcionários".

Burocracia sindical

Não há como iniciar esta parte do texto sem buscar um embasamento na teoria. Na verdade, pelo "abc" da luta de classes. Estamos falando da categoria: frente única operária.

Nas situações em que haja uma necessidade real e imperativa para que o movimento se unifique como, por exemplo, golpes de Estado, ondas de demissões, ataques ao nível de vida da classe trabalhadora etc., sempre estará colocada a necessidade de uma frente única das organizações operárias para defesa dos interesses dos trabalhadores dos ataques do governo e dos capitalistas.

Ao colocar-se essa tarefa para o movimento dos trabalhadores, surgem de imediato as divergências entre as correntes políticas e sindicais. Nesse momento, é preciso esclarecer que as divergências são no campo dos trabalhadores na sua luta contra os inimigos: o governo e os patrões.

Diante da demissão de Nobel, esse debate, seguramente, foi feito no interior da Convergência Socialista, pois encontramos nos cadernos de Zeca[23] a seguinte citação retirada de *Revolução e Contrarrevolução na Alemanha*, de Leon Trotsky:

> *O problema da frente única surgiu da necessidade de assegurar à classe operária a possibilidade de uma frente única na luta contra o capital, apesar da divisão inevitável, na época presente, das organizações políticas que têm apoio da classe operária.*

---

[23] Arquivo pessoal e anotações de Dirlei "Zeca" Leme da Fonseca.

> *Portanto, a Convergência Socialista e o incipiente PT entendiam a magnitude do ataque desferido a um líder grevista. Em certo sentido, essa discussão remetia a perseguição aos sindicalistas do ABC no ano anterior e que, em poucas semanas, voltaria a acontecer contra os mesmos metalúrgicos. A luta, portanto, não era apenas em defesa de Nobel, era sem dúvida, pelos direitos dos trabalhadores de defenderem seus interesses e organizações.*

Caberia a todos os trabalhadores, incluindo aí os dirigentes sindicais, a defesa de posições conquistadas na primeira greve em 16 anos de ditadura militar. Em síntese, esperava-se que os ventos democratizantes que começavam a soprar, mesmo reconhecendo-se a existência de grupos políticos adversários no interior do movimento sindical, obrigariam à construção da frente única contra os dois inimigos comuns, isto é, o governo militar e os patrões.

Nobel foi demitido no dia 11, e no dia 12 os presidentes dos quatro sindicatos assinaram um ofício que foi enviado ao superintendente geral da CDS, José Menezes Berenguer, cujo teor segue abaixo, na íntegra:

> *Surpreendidos, tomamos conhecimento de que essa empresa, segundo o nosso conceito até agora digna, encaminhou carta de exoneração a partir de hoje ao nosso baluarte associado Nobel Soares de Oliveira, sob pretexto de que seus serviços não mais convinham a Companhia.*
>
> *O ato unilateral dessa empresa parece que visa a decapitação de uma liderança surgida entre os trabalhadores portuários, e, mais especificamente, uma vingança pela sua participação ativa na greve deflagrada no início deste ano e demais posicionamentos relacionados com questões sindicais.*
>
> *Repudiamos essa atitude pela sua indignidade, que parece provocatória e intimidativa a toda a categoria, razão pela qual apelamos para o bom senso de V.Sas. e pedimos reconsideração desse gesto, sem dúvida impensado, cancelando-se o expediente demissionário, considerando-o*

ineficiente. Na expectativa de que as ponderações ora aduzidas encontrarão eco na consciência dos dirigentes dessa concessionária, especialmente diante dos termos do acordo celebrado em 21/03/80, onde ficou convencionado que nenhum grevista seria dispensado.

O ofício foi expedido rapidamente; quanto às outras medidas, nem tanto. Imediatamente, o demitido juntou oitenta trabalhadores e visitou os jornais para denunciar a exoneração. O acompanhavam "guindasteiros, operários, motoristas de empilhadeiras, funcionários administrativos e até estivadores e bancários".[24] Além da denúncia da exoneração, convocaram todos os trabalhadores para participar das assembleias nos quatro sindicatos, marcadas para o próximo domingo. Os trabalhadores, na entrevista, já se preocupavam para que as assembleias fossem conjuntas e não por sindicato.

Inicialmente, as assembleias foram convocadas para discutir três pontos: a) a dívida trabalhista que a CDS tinha no valor de CR$ 400 milhões, com possibilidade de calote; b) o final da concessão da empresa e o início da gestão pela Portobrás; c) as primeiras discussões do Contrato Coletivo de Trabalho. E, na orla do cais, os trabalhadores se manifestavam por um quarto ponto: a exoneração do fiel de armazém que tinha se sobressaído na greve de março.

Os presidentes dos quatro sindicatos haviam assumido o compromisso de promover uma reunião conjunta de todas as categorias no Sindicato dos Operários Portuários, depois de cada assembleia.[25]

Terminada a assembleia no Sindicato da Administração Portuária, seus participantes se dirigiram ao Sindicato dos Operários Portuários. Chegando lá, encontraram as portas fechadas e foram impedidos de ingressar no sindicato, pois o presidente Nelson Bacurau Batista se ne-

---

[24] *Cidade de Santos*, 13 de setembro de 1980, p. 15.
[25] *Cidade de Santos*, 16 de setembro de 1980, p. 14.

gava a suspender os debates previstos no edital apesar da maioria do plenário assim se manifestar. Os ânimos ficaram quentes. Da tribuna, os trabalhadores se manifestavam e se indignavam em suas intervenções. "A farsa dessa Unidade Portuária, que só aparece no papel e nos jornais, mas que na verdade só serve de trampolim político pra muita gente",[26] dizia um. Outros demonstravam solidariedade com os trabalhadores impedidos de ingressar: "a verdadeira Unidade Portuária está lá embaixo".[27] A indignação juntou-se à pressão e Bacurau foi obrigado a acelerar a pauta e abrir as portas.

> *Ao chegarem ao Sindicato dos Operários, encontraram a porta fechada por dentro, conforme determinação do presidente daquele sindicato, Nelson Batista; os visitantes forçaram a porta e impuseram, depois de alguma discussão, a sua admissão no recinto. Os debates que se seguiram à assembleia deste sindicato foram agitados e violentos, tendo Nobel Soares conseguido empolgar os presentes e praticamente assumido a direção dos trabalhos.*
>
> *Por último, foi assentado que os sindicatos exigiram da CDS a suspensão da medida de demissão do fiel de ajudante, Nobel Soares de Oliveira.*[28]

A direção dos Portuários encerrou a assembleia. A partir de então teve início uma reunião informal conduzida por Nobel e os trabalhadores presentes. Foram muitas intervenções de apoio e solidariedade, entre elas, uma emocionante intervenção do portuário Leonardo Roitmann, cassado em 1964. Deliberou-se pela criação de um Comando de Mobilização e a realização de assembleia unitária no domingo seguinte, às 20 horas, no Sindicato dos Portuários.

---

[26] Idem.

[27] Idem.

[28] Arquivo Nacional no Distrito Federal – COREG – MT/DSI – infão nº 039 – 17/09/1980 – ACE 010328/80.

Nas outras assembleias, segundo relatam os jornais da época, discutiram-se os três pontos e a questão da demissão foi empurrada goela abaixo. Nos rodoviários, a diretoria foi mais clara: "quem quiser ir aos Operários pode ir, porque não iremos discutir dispensa alguma".[29] Apesar de ter sido discutida a demissão, ainda que à revelia dos dirigentes sindicais, o acordo de realizar reunião conjunta foi desrespeitado.

> *A revolta dos portuários com a demissão de Nobel Soares de Oliveira aumentou com a atitude de três dos quatro sindicatos do porto, que desrespeitaram o acordo de fazer reunião conjunta para debater a exoneração, tendo o presidente 'Bacurau' até impedido a entrada de trabalhadores nos Operários."*[30]
>
> *"Os membros da Convergência Socialista e do Partido dos Trabalhadores sabem que, ostensivamente, os quatro (4) presidentes dos Sindicatos do Porto são aparentemente contra a exoneração de Nobel Soares de Oliveira, todavia têm certeza que estes nada fariam de positivo em favor do companheiro.*[31]

Na terça-feira, dia 16, circulava pelo cais um abaixo-assinado dirigido a cada uma das quatro diretorias sindicais no sentido de convocarem uma assembleia geral extraordinária com um único ponto: demissões de ativistas e reintegração de Nobel. Na quarta-feira, antecipando-se às demais organizações representativas, o Sindicato da Administração convocou uma assembleia específica para discutir esses temas.

José Menezes Berenguer, superintendente da Companhia Docas, respondeu no dia 13 de setembro ao ofício enviado pelos quatro sindicatos, afirmando que:

---

[29] *Cidade de Santos*, 16 de setembro de 1980, p. 14.

[30] Idem, primeira página.

[31] Arquivo Nacional no Distrito Federal - COREG - MT/DSI - informação 514/SICI/DSI/MT/80 - 25/09/1980 - ACE 10658/80.

COMPANHIA DOCAS DE SANTOS

Superintendência Geral

Santos, 17 de setembro de 1980

SG/03.07 - ED/2578.80

Ao
Sindicato dos Empregados na Administração dos Serviços Portuários de Santos, São Vicente, Guarujá e Cubatão

Nesta

Acusamos o recebimento do ofício sob referência P-43-564/80, de 12-9-80, assinado pelos Presidentes desse Sindicato e dos Sindicatos dos Operários nos Serviços Portuários de Santos, São Vicente, Guarujá e Cubatão, dos Motoristas em Guindastes do Porto de Santos, e dos Condutores de Veículos Rodoviários de Santos, São Vicente, Guarujá e Cubatão, protestando quanto à exoneração de seu associado, Sr. Nobel Soares de Oliveira, reg. 17.326, ex-Fiel de Armazém Ajudante, e solicitando reconsideração do nosso ato.

2 - Alegam V. Sas., no final desse expediente, que, com tal medida, esta Concessionária descumpriu os termos do acordo celebrado em 21-3-80, "onde ficou convencionado que **nenhum empregado grevista seria dispensado**".

3 - Cumpre-nos inicialmente salientar que o acordo referido e que estabelece em sua cláusula 8.ª:
"nenhuma penalidade será aplicada pela DOCAS aos seus empregados, **em decorrência da participação no movimento grevista** deflagrado em 17 de março de 1980",
vem sendo integralmente respeitado por esta Concessionária.

4 - Assim, contrariamente ao alegado no referido ofício, a rescisão contratual mencionada, com pagamento de todas as verbas previstas na Legislação pertinente, não decorreu, em absoluto, de participação do empregado no movimento grevista, nem teve cunho "provocatório" ou "intimidativo", como pretextado, mas em razão de incompatibilidade surgida posteriormente ao citado movimento, motivando perda da indispensável confiança para a manutenção no vínculo empregatício que vinha existindo entre as partes.

5 - Por essa razão, não nos é possível atender ao que foi solicitado.

Aproveitamos a oportunidade para apresentar nossas mais Cordiais Saudações

JMB/Js. 16 a) (J.M. Berenguer)-SUPERINTENDENTE GERAL

Comunicado da Companhia Docas – *Cidade de Santos, 18/09/1980 – p. 6.*

> *[...] contrariamente ao alegado no referido ofício, a rescisão contratual mencionada, com pagamento de todas as verbas previstas na legislação pertinente, não decorreu em absoluto da participação do empregado no movimento grevista, nem teve cunho 'provocatório' ou 'intimidativo', como pretextado, mas em razão de incompatibilidade surgida posteriormente ao citado movimento, motivando perda da indispensável confiança para a manutenção do vínculo empregatício que vinha existindo entre as partes. Por essa razão, não nos é possível atender ao que foi solicitado.*[32]

O advogado Almir Pazzianotto, do Sindicato dos Metalúrgicos de São Bernardo do Campo, na época uma grande autoridade no campo sindical e que mais tarde viria a ser nomeado ministro do Trabalho, quando consultado, deu um parecer mostrando a "impossibilidade" da demissão durante a vigência do acordo. A única situação possível de demissão seria em caso de falta grave. Como a CDS se propôs a pagar as verbas rescisórias, isso descaracterizaria a falta grave.

Na sexta-feira, dia 19, formou-se uma comissão composta por um dirigente sindical, um parlamentar do PMDB e o presidente da OAB, para tentar negociar com a CDS. Menezes Berenguer se negou a discutir a readmissão argumentando que o "assunto esgotou-se com a resposta oficial da empresa aos quatro sindicatos portuários".[33]

Considerando que havia má vontade em encaminhar a luta pela readmissão de Nobel, um grupo de portuários que se reunia no Comando de Mobilização começou a distribuir na orla do cais um panfleto convocando para a assembleia no domingo. Seria um panfleto corriqueiro se houvesse alguma disposição para a readmissão de Nobel. Mas, como não havia, essa discussão se transformaria no centro da assembleia. No sábado, véspera da assembleia, Antônio Gonçalves Pires Filho, presidente do sindicato da Administração, enviou à imprensa a seguinte nota:

---

[32] *Cidade de Santos*, 14 de setembro de 1980, p. 14.

[33] *Cidade de Santos*, 21 de setembro de 1980, p. 8.

Estão sendo distribuídos por toda a faixa do cais, aos trabalhadores portuários da CDS, panfletos com o seguinte texto:

'A Companhia Docas de Santos, ao demitir sem justa causa o companheiro Nobel e outros trabalhadores (grifo original), deixou de cumprir um dos itens mais importantes do acordo firmado com o conjunto da categoria dos portuários: nenhum grevista será punido pelo prazo de 12 meses. Não se trata de fato isolado. Recentemente, vários sindicalistas como Lula, Jacó Bittar, Arnaldo Gonçalves e outros mais, vêm sofrendo as mais variadas formas de perseguições.

Temos de dar um basta a tudo isso. Neste domingo, dia 21, às 20 horas, na Rua Julio Conceição, 91, todos os companheiros (grifo original) devem dar uma demonstração de repúdio à atitude da CDS exigindo, a uma só voz, a reintegração dos grevistas demitidos (grifo original). Comissão de Mobilização (aprovada na reunião do último domingo).'

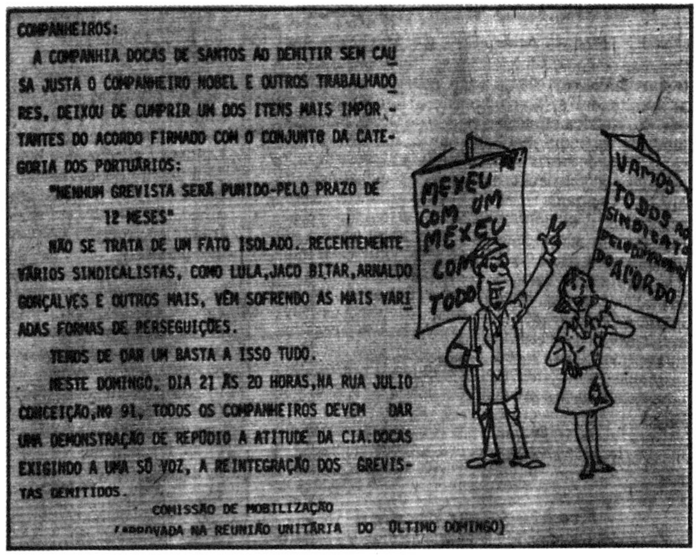

COMPANHEIROS:

A COMPANHIA DOCAS DE SANTOS AO DEMITIR SEM CAUSA JUSTA O COMPANHEIRO NOBEL E OUTROS TRABALHADORES, DEIXOU DE CUMPRIR UM DOS ITENS MAIS IMPORTANTES DO ACORDO FIRMADO COM O CONJUNTO DA CATEGORIA DOS PORTUÁRIOS:

"NENHUM GREVISTA SERÁ PUNIDO-PELO PRAZO DE 12 MESES"

NÃO SE TRATA DE UM FATO ISOLADO. RECENTEMENTE VÁRIOS SINDICALISTAS, COMO LULA, JACO BITAR, ARNALDO GONÇALVES E OUTROS MAIS, VÊM SOFRENDO AS MAIS VARIADAS FORMAS DE PERSEGUIÇÕES.

TEMOS DE DAR UM BASTA A ISSO TUDO.

NESTE DOMINGO, DIA 21 ÀS 20 HORAS, NA RUA JULIO CONCEIÇÃO, Nº 91, TODOS OS COMPANHEIROS DEVEM DAR UMA DEMONSTRAÇÃO DE REPÚDIO A ATITUDE DA CIA. DOCAS EXIGINDO A UMA SÓ VOZ, A REINTEGRAÇÃO DOS GREVISTAS DEMITIDOS.

COMISSÃO DE MOBILIZAÇÃO
(APROVADA NA REUNIÃO UNITÁRIA DO ÚLTIMO DOMINGO)

Cópia do panfleto que foi distribuído no cais.

Com relação ao assunto, a diretoria do Sindicato dos Empregados na Administração dos Serviços portuários, tem a informar o seguinte:

1. *As diretorias dos três sindicatos coirmãos: Operários, Condutores de Veículos Rodoviários e Motoristas em Guindastes, em reunião realizada no dia 16 próximo passado, e na presença do companheiro Nobel, informaram que estavam totalmente solidárias à causa do companheiro (grifo original). No entanto, no nível da diretoria, nada mais podemos fazer. Que toda e qualquer manifestação futura deveria partir das categorias, através de abaixo-assinado, solicitando assembleias para discutir o assunto;*
2. *Diante da posição das demais diretorias, tomamos a frente da campanha pela reintegração do companheiro Nobel, portanto, somos parte integrante da comissão de mobilização (grifo original);*
3. *A primeira resolução a ser tomada por esta diretoria foi convocar uma assembleia geral extraordinária de nossa categoria, para o próximo domingo, dia 21, às 20 horas, em nosso sindicato;*
4. *Em nenhuma das reuniões da comissão de mobilização entrou em pauta a possibilidade desta entidade agrupar numa mesma reunião todas as categorias portuárias;*
5. *Portanto, o panfleto em questão não foi discutido nem elaborado pela comissão de mobilização e sim por pessoas estranhas a categoria e que têm por finalidade criar tumulto no decorrer da assembleia;*
6. *Finalizando, convocamos todos os empregados da CDS QUE PERTENÇAM AO SINDICATO DOS EMPREGADOS NA ADMINISTRAÇÃO DOS SERVIÇOS PORTUÁRIOS DE SANTOS para comparecerem à assembleia de domingo, onde será discutida a posição desta categoria (grifo original) com relação a demissão do companheiro Nobel. Não será permitida sob hipótese alguma, a entrada de pessoas que não pertençam à base deste sindicato.*

A assembleia começou tensa. Mas o primeiro ponto não foi o ataque que os patrões estavam fazendo contra a categoria com a demissão de um dos seus. O primeiro ponto foi a questão do panfleto. Nobel confirmou que "o boletim era de autoria do Comando, mas que o Sindicato dele [boletim] não tomou conhecimento por haver proibido que os integrantes do grupo se reunissem na sede da entidade".[34]

Outro trabalhador de base, membro do Comando de Mobilização, afirmou que a diretoria não foi informada por "não ser de confiança".[35]

Esclarecido o problema do boletim, a contragosto da direção sindical, Nobel falou durante quase uma hora. A assembleia então decidiu:[36] a) reintegração de todos os demitidos sem justa causa será uma das principais reivindicações da Administração Portuária na próxima campanha salarial; b) participação dos grevistas demitidos sem justa causa em todas as assembleias da campanha, inclusive participando de todas as comissões de base que forem formadas.

Atenta aos movimentos dos trabalhadores, a ditadura militar também se movia e tratava de manter-se informada. A cisão entre o Comando de Mobilização e os outros três sindicatos ficou clara na intervenção de Nobel, e foi registrada pelos serviços de informação:

> *Citou os nomes de José Dias Trigo, Nelson Batista e José Carlos Galuzzi, presidentes dos sindicatos dos motoristas, operários portuários e guindasteiros, respectivamente. [...]Graziani de Oliveira, 1º secretário do Sindicato dos Operários que, conforme suas palavras, em 12/09/80, quando da realização do Ato Público em frente ao jornal Cidade de Santos, rondava as imediações com a perua do sindicato, equipada com rádio transmissor, tentando identificar os elementos presentes naquele ato.*[37]

---

[34] *Cidade de Santos*, 23 de setembro de 1980, p. 14.

[35] Idem.

[36] Arquivo pessoal e anotações de Dirlei "Zeca" Leme da Fonseca.

[37] Arquivo Nacional no Distrito Federal – COREG – MT/DSI, informação nº 530/SICI/DSI/MT/80, de 07/10/1980, ACE 10998/80.

E terminou sua intervenção dizendo:

> *[...] as classes trabalhadoras do Porto não sabiam o risco que estavam correndo em relação aos traidores da classe Portuária [...].*[38]

Geraldo de Oliveira Souza, o Mineiro, mais tarde relatou:

> *A assembleia de domingo na Administração Portuária foi a pá de cal na possibilidade de readmissão do Nobel.*[39]

Faltava ainda o golpe final. A assembleia de 12 de outubro, convocada através de um abaixo-assinado feito por 69 trabalhadores, tinha como pauta a revogação da decisão da assembleia realizada no dia 21 de setembro, que aprovou que os grevistas demitidos sem justa causa participassem de assembleias e comissões da campanha salarial. Ou seja, segundo a assembleia de 21 de setembro, mesmo demitido, Nobel poderia participar das assembleias e voltar a exercer o protagonismo que havia adquirido na greve de março.

No dia 14 de outubro, começariam as negociações do primeiro Contrato Coletivo desde o ano de 1961. Para os patrões, o governo e os próprios dirigentes sindicais, era inadmissível a presença do ex-portuário nas comissões de mobilização e nas próprias assembleias. Portanto, o recolhimento de assinaturas no abaixo-assinado e a convocação de uma nova assembleia era parte do jogo para uma campanha salarial nos moldes da conciliação de classes. A assembleia não teve quórum, foram apenas 27 dos 69 subscritores; mesmo assim, ficou claro que grevista demitido era *persona non grata*.

---

[38] Idem.
[39] Entrevista de Geraldo de Oliveira Souza (Mineiro) aos autores.

Partido Comunista Brasileiro: na trincheira oposta

As greves de 1978 e 1979 haviam alterado a correlação de forças que transitavam de uma situação não revolucionária para uma situação pré-revolucionária. Essas mudanças significativas impulsionavam um fenômeno que raramente acontece na história da classe trabalhadora. Estamos falando de uma ampla reorganização política e sindical.

Essa reorganização, do ponto de vista sindical, significava a criação de uma forma organizativa que unificasse as reivindicações e as lutas em curso. Em agosto de 1979, foi realizado um primeiro encontro de sindicalistas em Gragoatá, Niterói. Ali se procurava construir uma organização nos moldes da CGT pré-1964. Participaram 286 dirigentes sindicais de 57 categorias, vindos de 13 estados. Esse encontro conseguiu atrair dirigentes sindicais que estavam no PT, entre eles, Lula, Olívio Dutra, Jacó Bittar etc. Essa importante reunião respondia à estratégia do PCB de construir a Unidade Sindical.

Ao mesmo tempo, avançavam as articulações nos processos de reorganização política da classe trabalhadora. "Desde os anos 1940, a direção inconteste da classe trabalhadora brasileira foi o PCB".[40] Mesmo aplicando uma "linha de aliança com os patrões", o Partidão, como era conhecido, conseguiu a proeza de ser a direção hegemônica por anos a fio.

Porém, nos anos 1960, iniciou-se a decadência do stalinismo mundial e, particularmente, no Brasil. As diversas rupturas, bem como a perseguição nos áureos tempos da ditadura, levaram à debilitação desse partido.

Paralelamente a isso, o país se industrializou, e surgiu uma nova classe trabalhadora que, ao sair à luta no final dos anos 1970, não encontrou o Partidão como sua principal direção, ao contrário, na greve metalúrgica do ABC, em 1980, quando Lula e outros dirigentes seriam

---

[40] GOMES SANTOS, Adriana; FERNANDES NETO, Antônio. *Organização de Base, formas experiências e atualidade*. São Paulo: Kenosis, 2013, p. 91.

presos pela ditadura militar, no ápice do enfrentamento dos trabalhadores contra os patrões e o governo, Hércules Correa, dirigente do PCB se reunia com o deputado federal Célio Borja, um dos principais interlocutores de Figueiredo na tentativa de acabar com a greve.[41]

O surgimento e desenvolvimento do Partido dos Trabalhadores colocava os dirigentes sindicais e políticos do PCB, e também de outros setores estalinistas, em rota de colisão com os dirigentes sindicais que impulsavam o PT. Lula afirmava:

> *Não é novidade que o pessoal do PC ser contra o PT. Porque eles entendem que o partido dos trabalhadores já existe desde 1922 e que eles são os legítimos representantes da classe trabalhadora. Eu acho que ninguém é dono da classe trabalhadora. Eles talvez pensem que com o crescimento do PT, nós fecharíamos as portas para as tentativas de legalização do PC e de outros partidos.*[42]

Mas nem só as declarações retóricas e entrevistas dadas à imprensa alimentaram a rixa. A disputa foi feita com jogos de cena, manobras e outras medidas que, em sua essência, negavam a democracia operária e a livre discussão entre os trabalhadores.

> *A inviabilização do PT vem sendo urdida pelo PCB/MR-8, pois os comunistas ortodoxos não admitem a existência de outro partido, que não o seu, como 'representante legítimo dos trabalhadores'. Documentos elaborados por aquelas duas organizações subversivas têm deixado clara a intenção de fazer abortar a afirmação política do PT.*[43]

Na Baixada Santista, e especialmente em Santos, o PCB não estava disposto a tolerar a criação e o desenvolvimento do Partido dos Trabalha-

---

[41] CORREIA, Hércules. *O ABC de 1980*. Rio de Janeiro: Editora Civilização Brasileira, 1980, pp. 116-18.

[42] Tribuna de Imprensa, 12/02/1980. *In*: SANTANA, Marco Aurélio. *Homens Partidos: Comunistas e Sindicatos no Brasil*, Boitempo, RJ, 2001, p. 199.

[43] Arquivo Nacional no Distrito Federal – COREG – SNI/Agência Central. Pedido de Busca nº 077/16/AC/81, de 18 de maio de 1981.

dores. Uma coisa era a vontade do PCB, e outra era a audaciosa política levada pelos que impulsavam o PT, em especial, os grupos trotskistas.

> *Observa-se que a atuação de Nobel Soares de Oliveira à testa do trabalho político na área sindical da Baixada Santista tem favorecido as atividades da CS e da Organização Socialista Internacionalista (OSI) — grupos trotskistas vinculados no exterior à IV Internacional (Comitê Internacional) — no meio do movimento operário local, o qual era, até então, monopolizado pelos ativistas do Partido Comunista Brasileiro (PCB). O ascenso das atividades da CS e a consequente retração política do PCB aumentou as dissenções entre as duas organizações subversivas atuantes naquela área; tal cizânia foi agravada pela retirada do apoio do PCB a Nobel, em repúdio à 'infiltração da CS em sua área.* [44]

O Partido Comunista na Baixada Santista se via ameaçado com a presença do nascente PT. No caso dos portuários, seu foco deixou de ser o governo militar e a Companhia Docas. Quando se dirigia ao inimigo, seu foco iluminava os trabalhadores perseguidos. Na prática, o PCB, já em "queda livre", negava a teoria marxista e um dos seus mestres maiores, Lenin:

> *[da] necessidade absoluta para a vanguarda do proletariado, para sua parte consciente, para o partido comunista, de negociar, de recorrer a acordos, a compromissos com os diversos grupos proletários, os diversos partidos operários e de pequenos proprietários[...] O essencial é saber aplicar esta tática de maneira a elevar e não rebaixar o nível geral de consciência, de espírito revolucionário, de capacidade de luta e de vitória do proletariado.* [45]

---

[44] Arquivo Nacional no Distrito Federal - COREG - Presidência da República/SNI/AGSP informe nº 0960/116/ASP/1981 - ACE 06682/81.

[45] Esquerdismo: Doença Infantil do Comunismo - in www.marxists.org/portugues/lenin/1920/esquerdismo/index.htm

Para os ativistas da época, o PCB abandonou Nobel, fez jogo de cena, e apoiou-se nos pelegos dos sindicatos, das federações e confederações para, dessa forma, poder debilitar o nascente PT.

Quando pesquisávamos os monitoramentos efetuados pelos órgãos de repressão política no Arquivo Nacional, em Brasília, ficamos estarrecidos com dois informes — um elaborado pelos arapongas a serviço da Presidência da República e outro do serviço secreto da Polícia Militar, conhecido como P2, nos quais se lia:

> *Após a demissão de Nobel Soares de Oliveira [...] os dirigentes sindicais [...] [foram] orientados por membros da direção do PCB naquele município paulista, entre os quais Marco Aurélio da Costa Milani, [que] sugeriram à União Portuária a proibição de sua presença nas assembleias sindicais [...]*[46]

A informação acima também aparece no monitoramento da Polícia Militar/SP.[47]

---

[46] Arquivo Nacional no Distrito Federal - COREG - Presidência da República/SNI/AGSP informe nº 0960/116/ASP/1981 - ACE 06682/81.

[47] Arquivo Nacional no Distrito Federal - COREG - Polícia Militar do Estado de São Paulo - Informe n° 2 EM/PM - 041/2, de 2/02/1981.

DOCAS DEMITE LÍDER GREVISTA E CAUSA REVOLTA

Num ato considerado "provocatório" pela maioria dos trabalhadores portuários, a Companhia Docas de Santos demitiu sumariamente o fiel ajudante Nobel Soares de Oliveira, líder destacado da greve do porto realizada em março, causando grande indignação entre os empregados da Docas. Os sindicatos da Unidade Portuária — rodoviários, operários, empregados na administração e motoristas em guindastes —, reunidos na manhã de ontem, reagiram imediatamente à atitude da empresa enviando um ofício ao superintendente-geral da CDS, José de Menezes Berenguer, protestando contra o "ato unilateral" que "visa à decapitação de uma liderança que surge entre os trabalhadores portuários".

Nobel, na última quarta-feira, foi procurado no armazém onde trabalhava por um funcionário que lhe entregou a carta de demissão, que não contém qualquer justificativa para a medida. O portuário, no entanto, acredita que a CDS procura "com esse ato arbitrário, intimidar os seus empregados para enfraquecê-los na luta por seus direitos".

Ontem à tarde, cerca de 80 trabalhadores, entre guindasteiros, motoristas de empilhadeiras, operários, funcionários administrativos e até estivadores e bancários procuraram o jornal CIDADE DE SANTOS para demonstrar a insatisfação causada pela dispensa de Nobel, garantindo inclusive que "a empresa não ficará sem uma resposta, já que com essa medida ela procura atingir todos nós".

ACORDO ROMPIDO

Na opinião de Nobel, "a empresa está desrespeitando um acordo firmado por ocasião da greve de março, quando ficou assegurada a não punição dos grevistas num prazo de 12 meses. Sinto-me surpreendido pelo ato arbitrário da CDS que, após cumprirmos a nossa parte, com o desconto de nossos salários dos 5 dias de greve, começa a retribuir com dispensas injustificadas e que têm o nítido caráter intimidatório, objetivando enfraquecer as categorias. Isso acontece quando temos pela frente a negociação do contrato coletivo de trabalho, uma das conquistas da greve.

"O que a CDS quer é que a categoria fique de moral baixo e não possa negociar com todas as suas forças, mas acredito que os trabalhadores jamais aceitarão esse ato indigno. Disso temos certeza tendo em vista a solidariedade recebida de todas as categorias portuárias. Para os companheiros que ainda acreditavam em patrão, essa atitude da CDS

"Este ano — diz Nobel — após 16 anos de terror policial, fizemos uma greve vitoriosa. Voltamos ao trabalho sob a garantia de um compromisso firmado com a direção da empresa de que nenhum trabalhador sofreria punição. Voltamos ao trabalho, cumprimos os nossos compromissos. Os patrões não cumpriram e pedem primeiro a minha cabeça. Não se trata mais de Nobel, mas da moral da classe agredida pela covardia dos patrões.

"Há 15 dias, fui convidado com outros trabalhadores para uma reunião na Superintendência Geral da Companhia, onde se queria convencer o trabalhador das qualidades de um produto chamado "Portus", que não é nada mais nada menos que mais um desconto nos salários minguados da nossa categoria para garantir a aposentadoria integral dos dirigentes da Docas e da minoria que ganha acima de 10 salários mínimos. Fiz a denúncia dessa manobra que atenta contra a esmagadora maioria dos doqueiros, que recebem abaixo de 10 salários mínimos. Com certeza desgostei o Dr. Viana (Saulo Pires Viana), vice-inspetor geral da Companhia Docas, que defendia apaixonadamente o seu projeto.

"Mais do que nunca — continua o portuário — precisamos nos unir, a solidariedade deve ser mantida em todas as categorias do porto. Todos os companheiros devem ir às assembléias de domingo (às 20 horas nos quatro sindicatos de empregados da CDS). Devemos fazer todos os esforços para que elas sejam unificadas e não em cada sindicato separadamente, porque isso nos desune e enfraquece. Devemos estar presentes nos sindicatos, demonstrando nossa disposição em defender nossos interesses, atualmente pisoteados e ameaçados no nosso direito mais elementar: o direito ao trabalho.

"Faço um apelo aos companheiros que estão na direção de nossos sindicatos a assumirem essa luta, que é de fundamental importância para todos os trabalhadores brasileiros. É necessário lutar e conquistar, agora ou nunca, a estabilidade no emprego, ameaçada hoje pelos patrões que querem jogar nossas famílias no desespero para garantir seus fabulosos lucros, acumulados por anos de exploração, injustiça e opressão."

SINDICATOS REPUDIAM

Eis, na íntegra, o ofício enviado pelos sindicatos portuários ao superintendente José de Menezes Berenguer: "Surpreendidos, tomamos conhecimento de que essa em-

Os portuários estão revoltados com a demissão do líder Nobel Soares de Oliveira

sociado Nobel Soares de Oliveira, sob pretexto de que seus serviços não mais convinham à Companhia.

"O ato unilateral dessa empresa parece que visa a decapitação de uma liderança que surge entre os trabalhadores portuários, e, mais especificamente, uma vingança pela sua participação ativa na greve deflagrada no início deste ano e demais posicionamentos relacionados com questões sindicais.

"Repudiamos essa atitude pela sua indignidade, que parece provocatória e intimidativa a toda a categoria, razão pela qual apelamos para o bom senso de V.Sas. e pedimos a reconsideração desse gesto, sem dúvida impensado, cancelando-se o expediente demissionários, considerando-o ineficiente. Na expectativa de que as ponderações ora aduzidas encontrarão eco na consciência dos dirigentes dessa concessionária, especialmente diante dos termos do acordo celebrado em 21/03/80, onde ficou convencionado que nenhum grevista seria dispensado".

Assinam a nota os presidentes do Sindicato dos Operários Portuários, Nelson Batista; dos Empregados na Administração, Antônio

LIDER NÃO SE FAZ

Bernabé Manoel Riesco, presidente do Sindicato dos Trabalhadores na Indústria da Alimentação e membro da comissão executiva provisória do Partido dos Trabalhadores, também integrada pelo portuário punido, também procurou ontem o *Cidade de Santos* para reprovar a atitude dos "patrões da Docas". De acordo com Bernabé, "um líder não se faz, ele nasce do meio do trabalhador oprimido e quando se tem a verdadeira democracia. Foi nas lutas pela conquista de melhores condições de vida da classe portuária, que nasceu Nobel, carregado em triunfo pelos seus companheiros de trabalho.

"Ele lutou bravamente junto com seus companheiros, mas agora a Companhia Docas o demitiu. Ela esqueceu que o presidente Figueiredo assinou a lei de anistia e disse que quer a democratização do País. A CDS ao invés de reintegrar os trabalhadores cassados em seus direitos sindicais, a 31 de março de 1964, tenta sufocar a voz que os trabalhadores do porto fizeram nascer, nas lutas por seus direitos."

Os portuários que acompanharam Nobel na visita ao *Cidade de Santos*, por sua vez,

Foto: Cidade de Santos, 13/09/1980.

S.G. - S.S.P. - Mod. 7

SECRETARIA DA SEGURANÇA PÚBLICA

POLÍCIA CIVIL DE SÃO PAULO

= DELEGACIA DE POLICIA DE SÃO VICENTE =

(DEPENDÊNCIA)

Ilmo. Sr.

Delegado de Polícia Titular do

DOPS - SANTOS

Com o presente, encaminhoa V. Sa., cópia do Boletim de Ocorrência " Reservado ", - elaborado por esta Delegacia de Polícia, na data de hoje, para conhecimento.

São Vicente, 13 de FEV de 1981

Bel. Edgard Apparecido Lazaro

Delegado de Polícia Titular

Informe policial sobre ativistas sindicais e políticos. *Foto: arquivo APESP.*

Capítulo

23

Uma homenagem final aos heróis anônimos da greve

Há homens que lutam um dia, e são bons;
Há outros que lutam um ano, e são melhores;
Há aqueles que lutam muitos anos, e são muito bons;
Porém, há os que lutam toda a vida.
Estes são os imprescindíveis.

Berthold Brecht

Nobel Soares e Benê Furtado, sem dúvida, foram os trabalhadores que mais estiveram presentes no dia a dia do cais e os que mais influenciaram na greve. Porém, o que determinou os rumos do movimento foi o comportamento burocrático e autoritário desempenhado pelos dirigentes da federação, confederação e pelos quatro presidentes dos sindicatos.

As lições da greve foram muitas. As experiências pessoais, também. Demitido, Nobel Soares certamente viveu experiências pessoais amargas pelo inesperado desemprego. Houve uma grande perda: os trabalhadores viram ser abortada a criação de uma corrente sindical democrática, classista e de luta. E essa foi a maior derrota da greve.

Além de Nobel e Benê, existiram outros heróis anônimos nesta greve. Mas não tão anônimos, pois foram bisbilhotados pelos órgãos de repressão. Seguramente, contra eles foram praticadas diversas formas de perseguição. Finalizamos este livro com os nomes que encontramos nos arquivos dos órgãos de espionagem e repressão da ditadura militar. A eles, o nosso reconhecimento.

Nome	Registro	Função
ADELINO DA SILVA	CDS nº 13.826	TCD
ALBANO PEREIRA NETO	CDS nº 15.672	Encarregado de Navio
ALDERIDES MADEIRA	CDS nº 29.587	Escriturário Classe "B"
ALVANIR RODRIGUES	CDS nº 6.252V	Fiel de Armazém
AMAURY DA CRUZ TIRIBA	—	Aposentado da CDS
ANTÔNIO ADIVAL RODRIGUES	CDS nº 23.959	TCD
ANTÔNIO CARLOS NÓBREGA	CDS nº 21.912	Encarregado de Navio
ANTÔNIO FRANCISCO DA SILVA	—	Dirigente Sindical Portuário
ANTÔNIO MENDES FILHO	CDS nº 8.148	Feitor
ARTUR DE ABREU PESTANA FILHO	CDS nº 12.187	Trabalhador de Armazém
BENEDITO FURTADO DE ANDRADE	—	Dirigente sindical portuário
BENIGNO RODRIGUES FILHO	CDS nº 12.686	Funcionário Classe "C"
CARLOS ALBERTO FERREIRA	CDS nº 15.520	Fiel de Armazém
CARLOS ALBERTO SARTORI	CDS nº 15.796	Motorista
CLÁUDIO BARAZAL NEVES	CDS nº 12.529	Funcionário "C"
CLAUDIONOR COSMO DA SILVA	CDS nº 13.979	TCD
CLESO GRILLO	CDS nº 13.473	Funileiro Classe "H"
CLOANTO RODRIGUES DO NASCIMENTO	CDS nº 14.032	Encarregado de Navio
DURVAL DOMINGOS DOS SANTOS	CDS nº 13.386	Motoreiro de 1ª classe
EUCLIDES MENDES DE ARAÚJO	CDS nº 8.114	Feitor de 2ª classe
FRANCISCO MOREIRA TABOADA	—	—

GÉRSON ALBERTO ROZO GUIMARÃES	CDS nº 30.966	Escriturário "A"
IRINEU RUIZ DOS SANTOS	CDS nº 12.855	Fiel de Armazém Ajudante
IVO NOGUEIRA DA COSTA	CDS nº 17.559	Motoreiro
JESUS SEDANE MARTINEZ FILHO	CDS nº 13.644	Feitor Ajudante
JOÃO PEDRO FERNANDES*	CDS nº 24.121	Funcionário "B" do SAN
JOSÉ PEDRO FERNANDES*	CDS nº 24.121	Funcionário Classe "B"
JURANDIR FRANÇA DA HORA	CDS nº 27.378	—
LAURO INOCÊNCIO DE S. E SILVA SOBRINHO	CDS nº 21.151	Funcionário classe "A"
LEONARDO ROITMAN	—	Portuário aposentado
LINDOLPHO LINHARES	CDS nº 14.532	Funcionário Classe "D"
LOURIVAL CORREA DE ANDRADE	CDS nº 2.330	Encarregado de Trem
LUIS FERNANDO CARVALHO	CDS nº 16.108	—
MANOEL CARLOS SANTANA	CDS nº 25.253	TSD
MANOEL MIRANDA DE OLIVEIRA	CDS nº 14.119	Fiel de Armazém Ajudante
MILTON DE OLIVEIRA	CDS nº 23.476	Encarregado de Navio
MILTON SILVA	CDS nº 8.913	Ajustador "L"
OSNY NERY DOS SANTOS	CDS nº 35.509	Guarda Portuário
OZEAS AGOSTINHO CANUTO	CDS nº 15.604	Funcionário "C"
PLÍNIO CARDOSO	CDS nº 16.088	Fiel de Armazém Ajudante
RENATO POUSA	CDS nº 13.831	—
UMBERTO MANOEL DE SANTANA	CDS nº 12.338	Feitor 2ª Classe
VANDERLEI TABOADA DO ROSÁRIO	CDS nº 13.726	Funcionário da SAN
VIVALDO DE ALMEIDA NERY	—	Dirigente Sindical Portuário
WALTER DE MELO	CDS nº 10.936	Fiel de Armazém
WAGNER MOREIRA DE ARAÚJO	CDS nº 22.245	Escriturário Classe "C"
WILSON SOUZA FREITAS	CDS nº 18.465	Feitor

* O nome grafado no monitoramento dos órgãos repressores ora está como João e ora como José. Os números de matrícula e a função são iguais.

Bibliografia

ALEXANDRINO, Carlos Mauri; MARQUES DA SILVA, Ricardo. *Sombras sobre Santos*, Secretaria Municipal de Cultura, 1988.

ARQUIDIOCESE DE SÃO PAULO - Pontifícia Comissão de Justiça e Paz, *São Paulo 1975 Crescimento e Pobreza.* São Paulo: Edições Loyola, 4ª ed., 1975.

CHEIHUB FIGUEIREDO, A. Política governamental e funções sindicais, 1975. In: TAVARES DE ALMEIDA, Maria Hermínia. *Sociedade e Política no Brasil pós-64.* São Paulo: Ed. Brasiliense, 2ª ed., 1984.

COMISSÃO NACIONAL DA VERDADE - Eixo temático: *Violações de Direitos Humanos no Meio Militar.* Relatório, Volume II

COMISSÃO NACIONAL DA VERDADE - Eixo temático: *Violações de Direitos Humanos dos Trabalhadores.* Relatório, Volume II

CORREIA, Hércules. *O ABC de 1980.* Rio de Janeiro: Editora Civilização Brasileira, 1980.

COVAS PONTES, Martisalem. *Uma caminhada de luta.* São Paulo: Ex Libris, 2014.

D'ARAUJO, Maria Celina; CASTRO, Celso (orgs.). *Ernesto Geisel.* Rio de Janeiro: Ed. FGV, 1998.

DIAS, Erasmo. *Reflexões de uma Vida.* São Paulo: Ind. Bem. Santa Inês, 1988.

DREYFUSS, Renê Armand. *1964 A Conquista do Estado - ação política, poder e golpe de classe.* Petrópolis: Vozes, 5ª ed., 1987.

FREDERICO, Celso. *A esquerda e o movimento operário 1964-1984.* Belo Horizonte: Oficina de Livros, vol. III, 1990.

FRANCIS, Paulo. *Tempos de Goulart.* Rio de Janeiro: Rev. Civilização Brasileira 1 (7), maio de 1966.

FREITAS, Decio. *La revolución de las clases infames.* Buenos Aires: Ediciones El Ateneo, 2008

GATTO, Nélson. Navio Presídio: a outra face da "revolução". *In: http://www.novomilenio.inf.br/santos/h0181d.htm* - consultado em 26/09/2013.

GIANNOTTI, Vito. *História das Lutas dos Trabalhadores no Brasil.* Rio de Janeiro: Mauad X, 3ª ed., 2009.

GOMES SANTOS, Adriana.; FERNANDES NETO, Antonio. *Organização de Base: Histórias, formas, experiências e atualidade.* São Paulo: Kenosis, 2013.

GORENDER, Jacob. *Combate nas Trevas.*São Paulo: Editora Ática, 1987, 2ª ed.

GUINLE, Jorge. *Um século de boa vida.* Rio de Janeiro: Editora Globo, 1997.

LEAL, Murilo. *Olavo Hansen - Uma vida em desafio.* São Paulo: Cultura Acadêmica, 2013.

LENIN, Vladimir. *La bancarrota de la III Internacional* – obras escogidas – volume 5, in www.marxists.org/espanol/lenin/obras/oe12/lenin-obrasescogidas05-12.pdf

____________. Esquerdismo: Doença Infantil do Comunismo – in www.marxists.org/portugues/lenin/1920/esquerdismo/index.htm

MARANHÃO, Ricardo. *Os trabalhadores e os partidos.* São Paulo: Editora Semente, 1981.

MATOS, Paulo; ALEXANDRINO, Carlos Mauri. *Caixeiro conferente Tally Clerk – uma saga em um porto do Atlântico.* Santos: Prefeitura Municipal, 1995.

MELO, Jorge José. *Boilesen, um empresário da ditadura: a questão do apoio do empresariado paulista à OBAN/Operação Bandeirantes, 1969-1971*, Universidade Federal Fluminense, Instituto de Ciências Humanas e Filosofia. Dissertação de Mestrado.

MELO, Lídia Maria de. *Raul Soares um navio tatuado em nós.* São Paulo: Editora Pioneira, 1995.

MELO e SOUZA, Alberto. *Efeitos econômicos do salário mínimo.* Rio de Janeiro: APEC Editora, 1971 In OLIVEIRA, F. *A Economia Brasileira e a Crítica da Razão Dualista.* São Paulo: Braziliense, Seleções Cebrap nº 1, 1976.

PEREIRA DE SOUZA, Romulo Augustus. *Memórias de um pelego.* Rio de Janeiro: Gryphus, 1998.

PRADO DE ANDRADE, Antonio. *Um tempo para não esquecer. Ditadura, anos de chumbo.* São Paulo: IIEP, 2014.

ROSSI, Waldemar; GERAB, William Jorge. *Para entender os sindicatos no Brasil: uma visão classista.* São Paulo: Expressão Popular, 2009.

SANTANA, Marco Aurélio. *Homens partidos: comunistas e sindicatos no Brasil.* Rio de Janeiro: Boitempo, 2001.

SEGOVIA, Samuel. As lutas operárias em 1973 e 1974 *In*: FREDERICO, Celso. *A Esquerda e o movimento operário 1964-1984.* Belo Horizonte: Oficina de Livros, 1990.

TAVARES, Flávio. *Memórias do Esquecimento: os segredos dos porões da ditadura.* Porto Alegre, L&PM, 2012.

TEIXEIRA DA SILVA, Fernando. *A Carga e a Culpa.* São Paulo: Hucitec, 1995.

TROTSKY, Leon. *Sobre la liberación nacional.* Bogotá: Editorial Pluna, 1980.

Fontes

I - Entrevistas e Arquivos Pessoais

a) Entrevistas:

Geraldo "Mineiro" de Oliveira Souza
Lauro Inocêncio de Souza e Silva Sobrinho
Nobel Soares de Oliveira

b) Arquivos Pessoais:

Dirlei "Zeca" Leme da Fonseca

II - Arquivos Pesquisados

APESP - Arquivo Público do Estado de São Paulo

Arquivo Nacional do Distrito Federal - COREG

CEDOC/PSTU - Centro de Documentação do PSTU (jornais e revistas da ex-Convergência Socialista)

FAMS - Fundação Arquivo e Memória de Santos

SEASPS - Sindicato dos Empregados na Administração Portuária de Santos

SINDAPORT- Sindicato dos Trabalhadores Administrativos em Capatazia, nos Terminais Privativos e Retroportuários e na Administração em Geral dos Serviços Portuários do Estado de São Paulo.

III - Jornais e Revistas
Cidade de Santos
A Tribuna (Santos)
Folha de S.Paulo
O Estado de S.Paulo
Preto no Branco (Santos)
Convergência Socialista
Revista *Veja*

IV - Internet
www.apublica.org
www.marxists.org
www.arquivosleontrotsky.org